Diether Lauenstein

Der Lebenslauf und seine Gesetze

Vorträge
3

Diether Lauenstein

Der Lebenslauf und seine Gesetze

Urachhaus

5. Auflage (15. bis 18. Tausend) 1985

Gesamtherstellung Greiserdruck Rastatt
ISBN 3 87838 168 9

Vorwort

Unter diesen drei Vorträgen über Biographik entnimmt der erste sein inneres Maß dem biblischen Schöpfungsberichte und der letzte der paulinischen Engellehre. Der mittlere bringt unmittelbare Beobachtungen am Leben und kann darum auch für sich oder zuerst gelesen werden.

Inhalt

Die den Abschnitten der einzelnen Vorträge zugeordneten Zahlen verweisen auf die hier zur Übersicht aufgeführte Gliederung des Themas

I. Das Mass der Schöpfung

1. Die Zeitgestalt 11
2. Erste Biographien 11
3. Der Einzelne und die Menschheit 15
4. Das Gesetz des Anfangs 17
5. Regelmäßige und unregelmäßige Erscheinungen 18
6. Davids Leben 19
7. Zehn Gottesworte über den Menschen in Genesis 1–3 21
    1. »Lasset uns Menschen machen, ein Bild, das uns gleich sei« 23
    2. »Seid fruchtbar und mehret euch« 24
    3. »Siehe, ich habe euch gegeben allerlei Kraut zu eurer Speise« 26
    4. »Vom Baum der Erkenntnis des Guten und Bösen sollst du nicht essen« 26
    5. »Es ist nicht gut, daß der Mensch allein sei« 28
    6. »Adam, wo bist du?« 29
    7. »Wer hat dir gesagt, daß du nackt bist?« 30
    8. »Mit Schmerzen sollst du Kinder gebären« 30
    9. »Im Schweiße deines Angesichtes sollst du dein Brot essen« 30
    10. »Siehe, Adam ist geworden wie unsereiner« 30

8. Kindheit und Jugend 32
9. Die Arbeit 32
10. Der Schmerz 34

II. Der Lebenslauf

1. Der Schöpfer der Natur und der Erwecker des Ich 38
2. Der Tod als Gestaltgeber 42
3. Elia und Isebel 43
4. Rhythmen 45
5. Zweites Jahrsiebent 47
6. Die Jugend 47
7. Die Arbeit 49
8. Der Schmerz 51
9. Die großen Fragen 53
10. Selbstfindung 54
11. Dem Tod ins Auge sehen 54
12. Erster Mondknoten 57
13. Geistige Entwicklung 59
14. Die Zwanziger 60
15. Ehe 62
16. Umschlag zum Willen 62
17. Die Dreißiger 63
18. Opfer 65
19. Der zweite Mondknoten 66
20. Die Vierziger 68
21. Caesar 71
22. Augustus 72

23. Fichte 72
24. Mars, Planeten 73
25. Die Wende von Neunundvierzig 75
26. Todessphäre 75
27. Das hohe Alter 77

III. Gaben und religiöse Aufgaben

1. Die Auferstehung als Ziel 79
2. Die geistigen Reiche über dem Menschen 82
3. Wirkungen der Hierarchien 86
4. Wirkungsweisen des Engels im Leben 90
5. Das Volk (Erzengel) 95
6. Die Sprache (Erzengel) 100
7. Die Sprache und die Toten 103
8. Die Kultur einer Zeit (Archaí) 104
9. Erkenntniskräfte (Exusíai, Dynámeis, Kyriótetes) 110
10. Die Gefühlspflege als Voraussetzung neuer Erkenntnisse; sechs Stimmungen gemäß den oberen Hierarchien bis zu Thronen, Cherubim und Seraphim 113

I.

Verehrte, liebe Freunde!

1. Kein Volk hat die Leibesgestalt des Menschen, die Gestalt im Raume, so mit ganzer Seele gesehen wie die Griechen. Gleichzeitig bemühte ein anderes Volk sich, die Menschengestalt in der Zeit zu erfahren. Das war Israel, dessen heilige Schriften uns im Alten Testament erhalten sind. Israel begriff als erstes Volk zunächst seine Volksgeschichte. Das gelang ihm endgültig, als diese Geschichte im 6. Jahrhundert während der babylonischen Gefangenschaft an ihrem Ende zu stehen schien.

*

2. Die Griechen hatten anfangs in zeitlicher Hinsicht nur auf Höhepunkte hingeschaut, auf die mit etwa zwanzig Jahren sich vollendende leibliche Gestalt und auf die von ihnen mit vierzig Jahren angenommene Vollendung der seelischen Gestalt, aber nicht auf das Werden und Entwickeln und gewiß nicht auf den Abstieg. Erst Platon (427–347 v. Chr.) bemerkte in seiner Schrift »Menon«, der Geist des Menschen erwache erst so recht, wenn der Leib schon welke; und seiner Geistestat verdanken wir, Sokrates' Lehre und Leben als Einheit zu sehen und sein Leben in Taten und erst recht in Leiden und Tod als seine noch tiefere und klarere Aussage als die in Worten erkennen zu können. Zwar beschrieb Platon den Tod seines Meisters im Jahre 399 v. Chr., verglichen mit der Schilderung vom Lebensende Jesu in den Evangelien, noch nicht mit ganz so viel Bewußtsein von dem unterschiedlichen Werte einer jeden Stunde, aber doch schon recht exakt. Unser Bewußtsein für Zeit und Stunden zieht sich beim Lesen der Viten von Sokrates und Jesus jeweils um den Prozeß und den

äußerlich gewaltsamen, innerlich aber herrlichen Tod zusammen. Platon sandte außerdem im Jahre 354 v. Chr. mit dreiundsiebzig Jahren seinen Freunden in Syrakus eine eigene Lebensskizze, leider nur eine sehr lückenhafte, da der Zweck des Briefes – es ist der siebente – ein anderer war.

In China entwarf der große Geschichtsschreiber Sse-ma Tsiän etwa hundert Jahre vor Christus – von Beruf war er Reichsastrologe – Biographien chinesischer Staatsmänner. Er blieb in der moralisch ermahnenden Zwecksetzung seiner Kunst genauso hängen wie zweieinhalb Jahrhunderte nach ihm der Grieche Plutarch mit seinen Lebensläufen großer Griechen und Römer.

Das Leben des Inders Gautama Buddha scheint dem Leben Jesu, abgesehen vom Tode, vergleichbar zu sein. Buddhas Leben zeichneten seine Schüler im 5. Jahrhundert vor Christus gewissenhaft auf. Sie verstanden es zusammen mit ihrem Meister aber gar nicht als ein geschichtliches, unwiederholbares Ereignis, wie wir Jesu Leben verstehen, sondern als das wohlgeglückte Beispiel eines Schemas, nach welchem sich das Leben eines jeden vollendeten oder geistig voll erwachten Menschen vollziehe. Nach dieser Meinung braucht zwar nicht jeder seiner Nachfolger als ein Buddha zuerst ein Königssohn zu werden, wie Gautama es war. Nicht jeder muß wie er zuerst einen »Sohn gewinnen«, den er hernach eine »Fessel« nennt. Aber an den geistig wichtigen Stationen seines Lebens wird doch regelmäßig vieler anderer Buddhas mit gleichen Erlebnissen gedacht. Es wird von diesen Schreibern der Buddha-Biographie nicht die Individualität, sondern weit über ihr eine Urbuddhaschaft gesucht. Die Verschiedenheit der irdischen Buddhas versteht man als zeitbedingt, und die Vielheit der Menschen erlebt man diesem Urbuddha gegenüber nur wie das noch nicht geglückte oder wieder abgeirrte Menschsein. Es gibt in den Augen der Buddhisten nur einen Weg zum Geiste und damit letztlich auch nur einen Lebenslauf, der geistig bestehen kann. Biographik im individuellen Sinne wäre für Buddhisten also die Beschreibung der unendlichen menschlichen Irrungen; und solche aufzuzeichnen, wie sie eben kommen, würde sich nicht lohnen.

Die ganze Kulturmenschheit machte in den letzten Jahrhunderten vor Christi Erscheinen Anstrengungen, nicht nur die Geschichte zu verstehen, sondern auch die Zeitgestalt des einzelnen Menschen. Das gelang am ehesten den Schreibern der Evangelien für das Leben Jesu und dabei für sein Leiden und seinen Tod am besten. Ich sage dies bewußt trotz der Bibelkritik, die, durch Bultmann auf ihren Höhepunkt geführt, behauptet, wir wüßten mit Sicherheit nur von ein paar Redewendungen Jesu. Über Jesu letzte Stunden und Tage erfahren wir durch die Evangelien sehr vieles und genaues. Über die Jahre seines Wirkens im biographischen Sinne wenigstens etwas. Die Jugend und Geburt aber erscheinen nur an der Peripherie; sie geben auch die meisten Rätsel auf. Auch Paulus versteht und will den einzelnen Menschen, indem er die Unterschiede der Menschen für gottgewollt erklärt und sie als Glieder am Leibe Christi anspricht, welche jedes seine besondere Fähigkeit und seinen besonderen Dienst habe (1. Korinther 12.12).

Das Christentum vollendet also die Mühe des alten Israel um das Verständnis des Geschehens am Menschen in der Zeit, indem es nicht nur bei seinem Gründer und Meister, sondern auch bei jedem Menschen den Lebenslauf als das Gefäß oder Mittel einer Offenbarung, einer sichtbar werdenden Geistgestalt ansieht. Dieses aber ganz zu verstehen, brauchten auch die Christen noch Jahrhunderte; dann gelang es dem Kirchenvater Augustinus. Er entdeckte etwa im Jahre 400 n. Chr. oberhalb der mosaisch-moralisierenden Ebene, auf welcher auch er sich noch mehr erging, als heutigen Lesern bekömmlich erscheint, ein Grundgesetz in seinem Leben, welches sich nicht in Erfolgen darstellen läßt, sondern welches als etwas rein Geistiges am ehesten in den Ereignissen der absteigenden Hälfte seines Lebens aufgezeigt werden kann. Merkwürdigerweise offenbarte bei Augustin der Abstieg und nicht der äußerst glänzende Aufstieg das neue geistige Element.

Dasselbe hatte im Schicksal des Volkes Israel schon zwölfhundert Jahre vorher der Prophet Elia entdeckt (1. Könige 19.15-18); die nach ihm wirkenden Schriftpropheten, unter ihnen vorzüglich Jeremia, hoben diese zunächst natürlich herzzerbrechende Entdeckung voll ins Bewußtsein.

Bei Augustinus lag der Scheitelpunkt seines Lebens im dreiunddreißigsten Jahre. Damals wurde etwas Neues in der Biographie sichtbar, das er vorläufig mit dem Namen Prädestination belegte, ein unvergleichlicher geistiger Glanz der absteigenden Hälfte seines Lebens. Erst unter solchen Beobachtungen rücken die Ereignisse in die strengere zeitliche Ordnung, die einer echten Biographie eigentümlich ist. Augustinus schildert dieses alles in seinen Confessiones oder Bekenntnissen.

Nachdem Augustinus für die nun christlich gewordene Antike die strengere Zeitgestalt des Menschen entdeckt hatte, verbarg diese Kultur sofort die Raumesgestalt. In Byzanz, in der neuen Hauptstadt der alten Welt, traten vom 6. Jahrhundert an selbst die Zirkusathleten voll bekleidet und mit hohen Trikotkragen auf.

Die Kehrtwendung der christlichen Kultur gegenüber der griechischen Antike beruhte auf der Vorarbeit, die Israel geleistet hatte. Darum liegt es für die Betrachtung der Biographie, die wir hier anstellen, nahe, die Grundgesetze der Zeitgestalt auch der Bibel zu entnehmen. Sie erzählt sowieso von vorn bis hinten nur Menschenschicksale, wenn ihr Blickpunkt dabei zunächst auch bei der Menschheit und den Völkern liegt. Für uns ist es sachlich dabei gleichgültig, ob eine gegenwärtige Geschichtsschreibung dieselben Ereignisse in die Mitte stellen würde, welche die Bibel anführt, und ob sie sich für die Urzeit derselben Mythen oder überhaupt solcher Bilder bedienen würde. Denn wir suchen hier nicht geschichtliche Tatsachen als solche, sondern die ihnen angemessenen Begriffe; und diese entlehnt man vernünftigerweise und in allen Disziplinen zunächst bei denen, welche sie zuerst erkannten; das waren für unser Feld vorbereitend die Weisen in Altisrael.

Die heutige Stunde widmen wir also der Bibel. Im zweiten Vortrag werden wir vorzüglich solche Beobachtungen am Menschenleben besprechen, die wir machen, ohne die Bibel zu befragen. Nur die stoffsparende Richtschnur werden wir dafür der Genesis entnehmen. – Am dritten Tage wird unser Thema die Beteiligung der Engelreiche am Lebenslauf des Menschen sein, soweit sie sich unserer Beobachtung erschließt. Sie geben uns eine zweite Richtschnur anhand, die das geistige Leben des einzelnen und der Menschheit kurz und doch umfassend anschauen läßt.

*

3. Die Bibel erzählt in allen Teilen vom Lebensgeschehen der Menschen und beinahe nur von diesem; aber sie tut dies vom Anfang bis zum Ende des Alten Testamentes auf wechselnden Ebenen. Im Neuen Testament geschieht dasselbe von den Evangelien bis zur Apokalypse, spiegelbildlich zu den Ebenen des Alten Testamentes. Die Bibel spricht zunächst vom ersten Menschenpaar und den Urvätern bis zur Zerstreuung der Völker beim Turmbau zu Babel, bis dahin also von der ganzen Menschheit. Dann meint sie von Abraham bis zu dem Propheten Maleachi

oder bis zu den Makkabäern das Volk Israel. Wo in diesen beiden großen Teilen des Alten Testamentes Einzelschicksale erzählt werden, erscheinen sie nicht um ihrer selbst willen, sondern um des Volkes und manchmal sogar um der Menschheit willen. Der letztere, universale Zug findet sich auch im Leben Davids und einiger Könige von Juda, wie in meinem Buch »Der Messias« dargestellt wurde. Auf Davids Leben kommen wir im zweiten Vortrag zurück. Schon hier aber dürfen wir festhalten, daß an Adam, der die Urmenschheit vertritt, Gesetze abgelesen werden können, die auch für die Biographie des einzelnen gelten. Die Vergleichbarkeit der drei Ebenen versichert uns de facto das Leben Davids und expressis verbis die Evangelien und Paulus, indem sie neben vielen Einzelheiten im Leben Jesu solche in der Geschichte Israels stellen und ihn selbst mit Adam vergleichen (1. Korinther 15.45).

Die Evangelien erzählen das Leben eines einzigen Menschen, eben das Leben Jesu. Sie beziehen es zwar auch auf Volk und Menschheit; aber Jesu Leben erscheint doch nicht mehr in den größeren Rahmen der Geschichte eingebettet, wie es die Erzählungen von den Erzvätern, von Mose oder von David sind. Volk und Menschheit werden in den Evangelien nur noch durch kurze Zitate im Hintergrunde sichtbar. Das Urbild allen Schicksals wird im Leben und Sterben Jesu unmittelbar erkannt.

Die »Taten der Apostel« folgen im Neuen Testament den Evangelien; beschrieben werden die Taten verschiedener einzelner Menschen im Dienste Christi, vor allem die von Paulus. In dessen Leben zeigt sich übrigens eine merkwürdige Verschlingung von Szenen zwiefach verschiedener Art, einmal solche wie sein Prozeß zu Jerusalem, der beinahe aus dem Leben Jesu stammen könnte, und dann ganz andersartige, auch schuldhafte Szenen, wie seine anfängliche Verfolgung der Christen oder viel später sein Mit-

vollzug eines Gelübdes im Tempel nach jüdischem Ritus, den er – von dem Judenchristen Jakobus gedrängt – übte, um durch ihn öffentlich seine – in Wahrheit gar nicht mehr bestehende – Treue gegen Mose zu erweisen. Der Auftritt im Tempel stürzte ihn wie ein nach hinten losgehender Schuß in den auf Tod und Leben vor dem römischen Prokurator geführten Prozeß, der dann wieder einen ähnlichen Ablauf wie bei Jesus nahm. Aus solch einer vielfältigen Verschlingung zweier Lebensfäden, eines persönlichen und eines wie vom Christus herkommenden, hätte sich eigentlich schon hier das Gesetz ablesen lassen, welches Augustinus erst 350 Jahre später bewußt entdeckte. Von diesem Gesetze werden wir später zu sprechen haben.
Im Neuen Testament folgen Briefe der Apostel an Gemeinden, an neue Geistgemeinschaften, welche an die Stelle eines blutgebundenen Volkes getreten sind. Den Schluß macht die Apokalypse, welche den Verlauf der kommenden Menschheitsschicksale bis zum Ende der Erde und bis zu ihrer Erneuerung in großen Bildern beschreibt. – Sie bemerken wohl den einheitlichen Bogen, der sich durch die ganze Bibel zieht, vom Anfang der Menschheit hin zum Volk, dann zu dem Einzelleben Jesu Christi, zu den Taten einzelner in seinem Dienst und wieder zurück zu Gemeinden und zu einer neuen Menschheit.

*

4. Heute soll uns besonders der Anfang der Menschheit beschäftigen. Der Anfang ist so wichtig, weil kein Mensch und keine Gemeinschaft und überhaupt kein Ganzes dem Gesetz entfliehen kann, nach dem sie angetreten sind. Wir sprechen heute also unter der Annahme, daß, was Adam tat und litt, das Gesetz nicht nur der Menschheitsgeschichte enthält, sondern auch das des Lebens eines jeden Menschen.

Die Evangelisten setzen die Vergleichbarkeit für Jesu Leben voraus, und Paulus sagt von Adam, er sei ein Typos, ein Vorausbild Christi gewesen (Römer 5.10). Wir werden sehen, wohin uns diese Annahme führt. Das Schicksal Davids aber, der als König zugleich für sein Volk steht, wird uns als ein Bindeglied zwischen den drei Ebenen des Schicksals für die Menschheit, für das Volk und für den einzelnen Menschen dienen.

*

5. In jedem Menschenleben – das müssen wir vorweg noch sagen – lassen sich zwei Strömungen deutlich unterscheiden, eine regelmäßige und eine unregelmäßige. Die erste besteht aus solchen Elementen, die sich weitgehend in Zahlen und Gesetzen darstellen lassen. Die unregelmäßige Strömung bewegt sich zwischen Schuld und Sühne und in Sünde und Vergebung. Auf diese zweite hat die kirchlich-biblische Religionslehre seit eh und je deutlich hingewiesen, während sie die erste meist vernachlässigte oder gar vergaß. Aber erst die regelmäßig wirkenden Kräfte und Gesetze ermöglichen ein durchgehendes Verständnis; die unregelmäßigen erklären meist nur Einzelheiten. Indem wir hier die Bibel ungewöhnlicherweise über die regelmäßigen sprechen lassen, leisten wir aber auch für die christliche Lehre von Sünde und Vergebung eine unentbehrliche Vorarbeit. Nicht Schuld und Sünde bilden bis zu ihrem Ausgleich eine vergängliche Person als einen traurigen Schatten im Dasein, wie der Buddhismus lehrt, sondern die regelmäßigen Ordnungen des Lebens ermöglichen individuelle Umkehr, Ausgleich, Wesenssteigerung und Leistung, die freie geistige Hingabe und den Glauben, welche unsere Person begründen.

*

6. Davids Leben (1. Samuel 16 – 1. Könige 1) war auf den Anfang seines Volkes und den Anfang der Menschheit hin ausgerichtet; das Urgesetz, nach welchem die Menschheit angetreten ist, war sein Ziel. In diesem Leben spiegelte sich die Geschichte bis zurück zum Anfang. Er lebte vom Jahre 1042 bis zum Jahre 972 v. Chr.

Von David erzählt die Schrift zuerst im Zusammenhang eines Opfers bei Bethlehem, das der Seher und Richter Samuel für dessen Familie vollbrachte. Samuel zog den wahrscheinlich zwölfjährigen Knaben zu der Feier der Erwachsenen frühzeitig hinzu und richtete so zugleich dessen Konfirmation und erste heimliche Salbung zum künftigen König aus (1. Samuel 16). Das Zeichen seines Lebens setzte David mit etwa siebzehn Jahren durch den Kampf mit Goliath. Die Schrift weist darauf hin, indem sie vor Davids Ende noch einmal an Goliath erinnert (2. Samuel 21.19).

Die weiteren Stufen dieses Lebens folgen rückwärts den Werdestufen Israels und der Menschheit. – Bis auf David war Israels Wanderung noch nicht beendet, es war noch nicht ganz eingepflanzt im Lande Kanaan. Das geschah laut der Schrift (2. Samuel 7.10) erst durch Davids Eroberung von Jerusalem und durch die Einbringung der Bundeslade dorthin.

Davids Wanderleben nach der Flucht vor Saul glich Israels vierzigjährigem Leben in der Wüste. Er schützte die Bauern Judas und der Philister vor den räuberischen Wüstenstämmen, die man Amalek nannte. Darum ernährten die Bauern ihn und seine Truppe aus Desperados. So wie er damals hatte zuvor auch das Volk Israel unter dem Ruf gekämpft: »Hand an das Banner des Herrn! Kampf gegen Amalek von Geschlecht zu Geschlecht (2. Mose 17.16).

Den Spruch des zweiten Psalms zu seiner Königskrönung über Juda in der Stadt Hebron: »Du bist mein Sohn (spricht Gott); heute habe ich dich gezeugt«, hatte Mose in Gottes Auftrag bereits für sein Volk vor Pharao bekennen müssen: »Israel ist mein erstgeborener Sohn« (2. Mose 4.22). – Und als David sieben Jahre später gemäß dem 110. Psalm in Jerusalem auf dem Throne Melchisedeks saß, hatte ihn sein Weg gleichsam bis zu Abraham zurückgeführt, der dort von dem Priesterkönig gesegnet worden war (Genesis 14).

Es folgte in Jerusalem der Ehebruch mit Bathseba, aus welchem der zu seiner Zeit wegen allzu schwerer Frondienste des Volkes ungeliebte König Salomo hervorging. Diese Sünde des Königs war wie eine Wiederholung des uralten Menschheitsirrtums vor der Sinflut, den die Schrift so beschreibt: »Die Söhne Gottes blickten auf die Töchter der Menschen und sahen, daß sie schön waren. Da nahmen sie sich zu Weibern, welche sie wollten . . . Daraus wurden Tyrannen geboren« (Genesis 6.2,4).

In Davids Leben folgte der Totschlag unter seinen Söhnen und der Aufstand Absalons, der ihn aus »seiner Stadt« wie aus seinem Paradies vertrieb. – Kain und Abel und Adams Austrieb aus dem Garten des Anfangs gaben die Urbilder ab (Genesis 3–4).

Den Anfang der Welt beschreibt die Schrift als eine Schöpfung in sechs Tagen. Darin war Gottes letztes Werk der Mensch; er bildete dessen Keim im Geiste mit den Worten: »Lasset uns Menschen machen, ein Bild, das uns gleich sei« (Genesis 1.26). Auch zu diesem Worte drang David durch eine Sünde vor, durch seine letzte: Er ließ die waffenfähigen Männer des Volkes Gottes zählen. – Der alte König hatte für sich ein reiches, und wie wir sahen, ein gottgeordnetes Leben heimgebracht. Aber er verstand noch nicht das Grundgesetz der Menschheit, daß nicht einer, und sei er noch so herrlich und sogar ein Sohn Gottes genannt, sondern daß – damals wenigstens im Gottesvolk – ein jeder

Mensch das Bild Gottes in sich tragen solle. David lernte dies verstehen durch die Pest; und zur Versöhnung mit Gott suchte und erwarb er den rechten Platz für einen Tempel. Er fand ihn auf der Tenne Aravnas nördlich seiner Stadt, dort, wo Salomo hernach das Gotteshaus gebaut hat.

Der Kauf des Tempelplatzes war in der Tat die einzig treffende Sühne für die Volkszählung. Denn der salomonische Tempel sicherte durch seine Gliederung im Raum und durch die heiligen Handlungen in ihm, welche das Ewige in Raum und Zeit hineinvermittelten, den Menschen das unsichtbare Bild Gottes in ihrer Mitte und letztlich sogar in ihnen selbst. Er bewahrte die Menschen vor der Verderbnis der großen Zahl, der Zahl des Staubes oder der gezählten Menge, in welcher sie als Bürger und Soldaten eines großen Staates von jetzt an notgedrungen auch leben mußten, in welcher auch wir heute selbstverständlich leben. Nur im Tempeldienst blieben sie das nach Stämmen zwölffach gegliederte Gottesvolk, himmelsgemäß geordnet wie die zwölf Sternbilder, durch welche die Sonne ihren Weg nimmt, so wie Gott es Abraham verheißen hatte, seine Nachkommen sollten sein »wie die Sterne am Himmel und wie der Sand am Ufer des Meeres« (Genesis 22.17). Davids Leben folgte einer Spur, die bis zur geistigen Schöpfung des Menschen zurückführte, bis dahin, wo Gott sprach: »Lasset uns Menschen machen, ein Bild, das uns gleich sei« (Genesis 1.26). – Der große König starb mit siebzig Jahren.

*

7. Davids Leben birgt nun zwar ein umfassendes Geheimnis des Menschheitswerdens, so wie die Schrift es anschaut; aber das Wesen des Menschen wird von ihr – mehr als jemals später – in Adam, der Gestalt des Anfangs, von

Grund auf dargestellt. Es ist zu erwarten, daß auch die biographische Zeitgestalt darin zum Ausdruck kommt. Sie läßt sich an den Worten Gottes über den Menschen verdeutlichen.

Zuvor aber denken wir zurück. Anfangs richtete sich unser Blick vorzüglich auf den Tod. Die Todeserwartung und die überschaubar kurze, mögliche Lebenszeit bieten dem Menschen die natürliche Grundlage für sein biographisches Bewußtsein dar. Das höhere Tier gibt sich höchstwahrscheinlich ganz dem Erleben des Augenblickes hin und kann schon darum keine individuelle Zeitgestalt und keine Biographie gewinnen. Auf dieses Geheimnis des Menschenlebens weist die Bibel zum ersten Male im Umkreis Noahs hin, indem der Herr vor der großen Flut sagt: »Mein Odem (Geist) soll nicht auf die Dauer sich niederlassen im Menschen, der Fleisch ist. Nur hundertzwanzig Jahre soll sein Leben währen« (Genesis 6.3). Auch die Biographien von Sokrates und Jesus kristallisieren, wie wir sahen, gleichsam um den Tod; dort werden sie dicht, dort gewinnt eine jede Stunde ihr eigenes Gesicht.

Wenn der Tod die Gestalt der Lebenszeit ermöglicht, dann fließt ihr Element, ihre Substanz, aber dennoch aus der Geburt. Sie läßt viele regelmäßige Erscheinungen des Lebens, wie man vermuten muß, aus sich erfließen. Um Einblick in die Kräfte der Geburt zu gewinnen, die sich im Lebenslauf des Menschen geltend machen, betrachten wir sie im Spiegel der biblischen Schöpfungsgeschichte und des genaueren in den Worten, welche nach diesem Bericht die Gottheit über den Menschen sprach.

In den beiden Schöpfungsberichten (Genesis 1–3), dann in der Urgeschichte von Kain bis Noah (Genesis 4–9) und ebenso in dem Berichte von der Entstehung der Völker und Sprachen bis hin zu dem Gotteseide vor Abraham, nachdem er seinen Sohn zu opfern sich bereit erwiesen hatte (Genesis 10–22), in diesen drei ersten Großabschnitten der Bibel spricht Gott jeweils zehnmal über die Menschen oder zu ihnen. Die Schrift zeigt diese Abschnitte an durch Wiederholung wichtiger Sätze: Fängt die erste Reihe der Gottesworte mit einem ganz ungewöhnlichen Plural an, »Lasset uns . . .« (Genesis 1.26), so wiederholt sie ihn an deren Ende »Adam ist geworden wie unsereiner« (Genesis 3.22), und dann noch einmal zum Beginn der dritten Reihe: »Lasset uns herniederfahren und ihre Sprache verwirren (Genesis 11.7). In der übrigen Bibel spricht die Gottheit niemals so im Plural. – Um der Kürze willen befassen wir uns des näheren mit der ersten Reihe der Gottesworte und ziehen die zweite und dritte nur dann und wann vergleichend hinzu.

*

1. »Lasset uns Menschen machen, ein Bild, das uns gleich sei« (Genesis 1.26), lautet das erste Wort Gottes über den Menschen, und damit ist es im biblischen Sinne das Grundgesetz für dessen Sein und Dasein.
Die Schöpfung ist um des Menschen willen gemacht. Er ist ihr Ziel, und zugleich ist er das Spiegelbild Gottes. Das heißt z. B. auch, wie zuerst wohl die heilige Therese in Spanien es aussprach, daß eine jede einzelne Menschenseele mehr wert ist als die gesamte materielle Natur. Diese ungeheure Aussage liegt auch in einem versprengten Jesusworte verborgen, das laut der erst kürzlich im Sande von Ägypten wiedergefundenen Spruchsammlung, die wir das Thomasevangelium nennen, Jakobus den Gerechten als den Führer der Urgemeinde in Jerusalem bezeichnet; der Herr umschrieb ihn, seinen Namen vermeidend, als den, »um dessentwillen Himmel und Erde gemacht sind«.
David verletzte das Bild Gottes durch seine Volkszählung. Menschen sind keine Zahlen und können keine Summe

bilden; erst recht gibt es keine Menschenmaterial. Gott spiegelt sich in jedem Menschen; leiblich am deutlichsten im Antlitz. So heißt es auch im ersten Wort der zweiten Reihe von Gottes Reden über den Menschen, dort wo der Herr sich an den erzürnten Kain wendet: »Warum läßt du dein Angesicht sinken? Wahrlich, wenn du gut bist, erhebst du es . . .« (Genesis 4.6–7).

Dem ersten Worte über den Menschen haben wir den in der Schrift folgenden Satz hinzuzufügen, daß der himmlische Gedanke den Menschen von Anfang an »männlich-weiblich« prägte (Genesis 1.27). Der Ausdruck »männlich-weiblich« ist Adverb, wie wenn Gott den Menschen zwiespältig oder doppelseitig geschaffen hätte. Die physische Trennung von Mann und Weib erfolgte erst später im Paradies (Genesis 2.22). In der zukünftigen Welt wird es diesen Unterschied nicht mehr geben, wie Jesus sagte: »In der Auferstehung werden sie nicht freien . . ., sondern wie die Engel Gottes im Himmel sein« (Matthäus 22.30). Aber für die jetzige Erdenmenschheit gilt die Doppelheit und ist für sie nötig, wie das hernach zu besprechende fünfte Wort der Reihe es auch begründet.

*

2. Das zweite Wort über den Menschen wird im Text als ein Segen bezeichnet; Gott spricht: »Seid fruchtbar und mehret euch« (Genesis 1.28). – Die Menschheit wurde also vom Anfang her für die große Zahl gedacht. Eine Steigerung dieses Segens findet sich am Ende der drei Reihen in dem schon einmal angeführten Eide Gottes vor Abraham: »Ich will deinen Samen segnen und mehren wie die Sterne am Himmel und wie den Sand am Meer« (Genesis 22.17).

Die Sterne werden als geordnet aufgefaßt, insbesondere in der Ordnung der zwölf Bilder des himmlischen Tierkreises, durch welchen die Sonne läuft. Abrahams Nachkommen erschienen später auf Erden ebenso wohlgeordnet als die zwölf Stämme Israels und in dem Nebenzweig des Geschlechtes Ismael als zwölf Beduinenfürsten (Genesis 25.12 bis 16).

In der Königszeit nach David waren einzelne Stämme wie Ruben und Simeon schon verschwunden; aber im Tempel galt auch da immer noch die alte himmlische Zwölf. Für verlorene Stämme traten dann einfach ein paar Menschen ein, die ihre Herkunft in ihnen hatten und das wußten. Wie groß die Zahl der noch lebenden Stammesgenossen war oder ob diese Gruppe gar noch politischen Einfluß hatte, das war im Tempel gleichgültig. Der Himmel wirkte durch die Zwölf auf das Volk ein (2. Mose 24.4; 4. Mose 13.2; Hesekiel 47.13 f.; Sacharja 9.1).

Umgekehrt verhält es sich im Segen über Abrahams Samen mit den Worten »wie der Sand am Ufer des Meeres«. Hier geht es um die große Anzahl. Hier wäre es am Platze zu fragen, wieviel Soldaten dem König David zur Verfügung standen (2. Samuel 24.2). Ohne schwere Sünde kann solche irdische Zählung aber nur geschehen, wenn vorweg die Himmelsordnung Israels im Tempel gesichert ist; und das war bis dahin bei David noch nicht der Fall. Erst nachher kaufte er den Tempelplatz, und noch viel später baute Salomo das Gotteshaus.

Für die Menschen auf Erden ist es an zweiter Stelle natürlich auch nötig, die große Anzahl zu wissen. Sie begründet die irdische Macht. Aber sie gewährt merkwürdigerweise auch dem einzelnen seine Freiheit. Nur in der unbestimmten Großzahl kann der einzelne, hierhin und dorthin überwechselnd, über sich selbst verfügen, ohne dadurch gleich die Himmelsordnung in Kultus, in Volk und Menschheit zu verletzen. Der Dichter Stefan George empfand die Unwürde der Himmelsentfremdung, wenn er von vielen

Menschen verachtend sagte: »Schon ihre Zahl ist Sünde.« Er traf damit die, welche nur die untere irdische Ebene des Menschenseins kennen wollen und dadurch leicht in den Staub absinken. Staub ist im biblischen Sprachgebrauch als Bild für Menschen etwas Geringeres als Sand aus festen, kristallinen Körnern.

Das Gotteswort »Mehret euch« bestimmt die große Zahl also als eine zwar niedere, aber nötige Ebene des menschlichen Daseins. Sie soll dem einzelnen zeitweise ermöglichen, selbst zu sein, wie und wo er will, bevor er sich dann wieder für eine bleibende Ordnung einsetzt. Freilich kommt alles darauf an, daß er dies hernach auch tut; denn ohne die Ordnungen des Himmels gibt es für Menschen kein ewiges Heil.

*

3. Das dritte Wort weist die Pflanzen dem Menschen zur Nahrung an (Genesis 1.29). Tierleiber liefern uns in Absicht auf das geistige Leben eine problematische Speise. Dasselbe gilt unter den Getränken für den Wein oder den Alkohol. Beide wurden als Speise und Trank gemäß der Schrift erst seit Noah für Menschen zugelassen (Genesis 9.3 f. und 20 f.). Ein Sichvergreifen am Menschenleibe als Speise führt selbstverständlich sowieso zum Untergang. Wer sich innerlich aber zu der Ebene erheben möchte, auf welcher die erste Schöpfung (Genesis 1) spielt, der tut gut daran, sich auch an die ersten Ratschläge der Bibel über Speise und Trank zu halten und nicht an die späteren für Noah.

*

4. Das vierte Wort über den Menschen (Genesis 2.16–17) führt ganz auf die Erde herab. Der Herr bezeichnet die Bäume des Paradieses als die rechten Nahrungsspender

und fügt einschränkend hinzu: »Aber von dem Baum der Erkenntnis des Guten und Bösen sollst du nicht essen. An welchem Tage du davon ißt, wirst du des Todes sterben.«

Das Böse und der Tod werden hier zum ersten Male genannt, obgleich es damals den Sündenfall noch nicht gab; als mögliche Begriffe aber wurden sie dem Menschen schon nahegebracht. Es lag also keineswegs in Gottes Absicht, die Menschen mit diesen beiden Mächten etwa gar nicht in Berührung kommen zu lassen, sondern nur, daß das Böse nicht bis in den Willen des Menschen gelange. Tod und Böses sollten gleichsam am theoretischen Horizont des menschlichen Bewußtseins stehenbleiben und von dorther wirken. Der spätere Sündenfall ließ das Böse in den Menschen hineinschlüpfen, so daß es in seinen Willen eindrang.

Diese Not wird im ersten Wort der zweiten Reihe in Gottes Warnrede an Kain wieder aufgenommen: »Wenn du böse bist, so ruhet die Sünde vor der Tür, nach dir hat sie Verlangen; du aber herrsche über sie« (Genesis 4.7).

Heute ist es für jedermann, der böse Kräfte in sich fühlt, richtig, sie in der eigenen Person fest einzuschließen, ohne sie in den Kernbezirk unseres Wesens, den wir Wille nennen, einzulassen. Wir bewachen und beherrschen sie draußen vor der Tür des Heiligtums in der Seele. Dann können sie, von Bewußtsein und Weisheit eingekreist, schließlich sogar zu starken Antrieben für eine gute, tüchtige Arbeit im Leben werden. Saul von Tharsos gab dafür ein Beispiel; seine anfängliche Verfolgungswut wurde ihm nach seinem immer wieder erneuerten Zeugnis zur Triebkraft für das Wirken als Apostel Christi über die halbe Welt hin (1. Korinther 15.9; Galater 1.13 f.; Epheser 3.8; Philipper 3.6 bis 12). Das ist nur möglich, wo Christus zur Mitte der ewigen Person eines Menschen wurde, wie Paulus den Römern 8.10 schrieb; eben dies verstand Augustinus als positive Prädestination, die ein ganzes Leben umgestaltet und ihm einen neuen Sinn gibt.

*

5. An fünfter Stelle sagt Gott etwas sehr Merkwürdiges über sein eigenes, allerdings noch unvollendetes Werk: »Es ist nicht gut...«! Früher betonte die Schrift nach jeder Schöpfungsstufe: »Und Gott sah, daß es gut war«; jetzt aber sagt der Herr: »Es ist nicht gut, daß der Mensch allein sei« (Genesis 2.18). – Gleich danach zeigt die Erzählung, daß die Schlange über das Weib sich dem Menschen nahte. Die Geschlechtertrennung war das Tor, durch welches sie hereinkam; die Trennung war also problematisch. Und doch wäre, wie das hier besprochene Gotteswort (Genesis 2.18) anzeigt, das Gegenteil der Trennung schlimmer gewesen.

Das Individuum kann sich leicht in sich selbst verhärten und nach Leibniz' Ausdruck zu einer »fensterlosen Monade« werden. Die Individuen vergleicht Gott, wo er mit Abraham spricht (Genesis 22.17), mit dem »Sand am Ufer des Meeres«. Die Menschen können aber leicht noch tiefer sinken; dann redet die Bibel von ihnen wie vom Staube. Dann geht nicht nur die Himmelsordnung, sondern nun auch noch die klare, kristallene Härte der Sandkörner verloren; dann ist der Massemensch entstanden.

Gott verurteilte die Schlange, Staub zu fressen (Genesis 3.14); auch der materielle Leib des Menschen muß sterbend in den Staub sinken (Genesis 3.19). Menschenseelen sollen diesen Weg aber nicht gehen. Es ist der Weg, den Mephistopheles für Faust plant: »Staub soll er fressen und mit Lust wie meine Muhme, die berühmte Schlange.« Dann hätte der Mensch seine Ewigkeit in Gottes Reich verloren.

Davor rettet viele Seelen auf einer ersten Stufe die Doppelheit der Geschlechter, anfangs mit leichtem Zwang, indem eine jede beinahe wie von selbst ihr besonderes Du findet. Wenn manche Menschen in der Begegnung dann aber nicht das Du suchen, sondern die Zwangsgewalt als solche, dann überschreitet ein solcher Mensch unheilsträchtig die Schwelle vom Sandkorn zum Staube, d. h. die Schwelle zu seinem Untergang als eigene geistige Person. Ich und Du bilden die erste Stufe der Himmelsleiter. Martin Buber wurde nicht müde, das Du als ein Urwort der Bibel und zugleich als heiltragendes Wort des praktischen Lebens zu preisen.

*

6. Als Gottes Wort zum sechsten Male über dem Menschen erklang, war dieser durch den Sündenfall gegangen. Den Fall selbst müssen wir hier um der Kürze und des gewählten Leitfadens willen leider beiseite lassen, nicht aber das sechste Wort: Adam und das Weib »hörten die Stimme Gottes, der im Garten wandelte, als der Tag kühl geworden war. Und Adam versteckte sich . . . unter die Bäume« (Genesis 3.8).

Wir verstecken uns heute in die Materie, so wie Jesus es mit den Worten Hoseas (10.8) von den Menschen der Endzeit sagt; wenn diese die lang entwöhnten Gotteskräfte wieder erfahren, dann werden sie erschrecken und werden rufen: »Berge, fallt über uns, und Hügel, decket uns« (Lukas 23.30). Mit Adams Verstecken hub die Furcht der Materialisten vor dem Geiste Gottes an.

Adam hörte in seinem Versteck aus Gottes Munde zunächst nur seinen Namen (Genesis 3.9) und hörte ihn so überhaupt zum ersten Male. Da sein Name aus dem Munde Gottes hervorging, war die geistige Existenz der Menschheit vor dem Untergange gesichert. Die neue Anrede war ein Gnadenakt trotz des eben erst geschehenen Sündenfalles. Und noch heute führt ein sicherer Weg zu Gott über das Erlebnis des Gehaltes dieses Namens; er trägt das freie Ich-Wesen, das Gottesfünklein in der Seele, von welchem Meister Eckehart sprach. Auch Augustinus und Fichte beschrieben diesen Weg zu Gott, den Weg des für den Geist über ihm sich öffnenden und sich dann an die Welt tätig hingebenden, verantwortlichen Ich.

*

7. Nach dem Namen Adams folgen lauter Fragen »Wo? Wer? Hast du nicht . . .?« und in der siebenten Gottesrede zu Eva schließlich auch »Warum?« Dann redet Gott mit der Schlange; er fragt sie aber nicht, sondern versetzt sie einfach in ein anderes Dasein. In der unterschiedlichen Handlung Gottes an Mensch und Schlange liegt wieder eine Bestätigung für das Du in Adam.

*

8., 9., 10. In der achten und neunten Gottesrede folgen Fluchworte; so werden sie zunächst vom schwachen Menschen erlebt. In Wahrheit sind sie wie alle Worte Gottes Segensworte; in diesem Falle Anweisungen zur Bewältigung des Schicksals. Wir werden sie, um kein Vorurteil zu bilden, »Lastworte« nennen.

Zuerst geht Gottes Rede an Eva: »Ich will mehren und mehren deine Schmerzen, wenn du gebierst. Mit Schmerzen sollst du Kinder gebären. Und dein Verlangen soll nach deinem Manne sein; er aber soll dein Herr sein« (Genesis 3.16).

Das neunte Wort wendet sich an den Mann (adām): »Verflucht sei der Acker (adamā) um deinetwillen! Mit Kummer sollst du dich darauf nähren dein Leben lang . . . Im Schweiße deines Angesichtes sollst du dein Brot essen, bis du zum Acker zurückkehrst, von dem du genommen bist. Denn du bist Staub und kehrst zum Staub zurück« (Genesis 3.17–19). – Der Hauptinhalt dieser Worte läßt sich als Schmerz und schwere Arbeit zusammenfassen. Beide wirken zunächst wie ein Fluch Gottes über den Menschen; sie bleiben für lange Zeit eine Last und werden dennoch zu den Heilmitteln der Seele von ihrem Abfall von Gott, den die Christen Sünde nennen.

Die zehn Worte folgen dem Schöpfungsverlauf der irdischen Menschheit. Unser persönliches bewußtes Leben aber findet sein Menschentum am Ende dieser Schöpfung vor; es beginnt darum unter dem letzten der zehn Worte und arbeitet sich dann rückwärts zu den früheren Worten vor. Unsere Lebenspraxis fängt nicht mit dem ewigen Ratschluß Gottes an, bevor er eine Menschheit schuf, sondern mit der Last der Arbeit. Wir meistern das Leben an seiner Oberfläche, wenn wir wenigstens zur Arbeit ein gutes Verhältnis gewinnen. Aber je weiter wir rückgreifend uns die früheren Gottesworte zu eigen machen, um so größeren Tiefgang gewinnen wir in unserer Seele. Reif wird die Seele in dem Maße, in welchem sie das Leid, das ihr das Leben bringt, auch annimmt; tief wird sie, wenn sie beginnt, die Fragen zu fühlen, die allem Menschsein gestellt sind, und wenn sie darin ahnt, daß Gott für sie einen ewigen Namen weiß. Die volle Erdenkraft gewinnt die Seele, die dem Bösen und dem Tod begegnet ist, ohne diesen Mächten heillos zu verfallen; und Himmelsreife wird sie haben, wenn sie bis zu dem Quell in Gott zurückdringt, aus welchem unser Wesen hervorströmt.

Wir werden heute die Stufen auf dem Wege zu unserem Urquell, die wir oben mit armen Worten angedeutet haben, nicht mehr deutlich beschreiben können; das soll morgen geschehen. Unmittelbar aber hat ein jeder von uns es mit den Lasten der Arbeit und des Leides zu tun; und davon wollen wir noch sprechen.

*

8. Vorher sei aber eine Bemerkung eingefügt, die zeigen möchte, wie die heute beschriebenen Elemente der menschlichen Seelenentwicklung sich in den zeitlichen Verlauf des einzelnen Lebens stellen. Die Schöpfung der irdischen Menschheit, wie die Bibel sie beschreibt, gleicht der Kindheit; insbesondere gleicht die Leibesschöpfung, bis daß der Herr im Paradies dem Menschen den lebendigen Odem einblies (Genesis 2.7), dem natürlichen Werden im Mutterleibe bis zum ersten Atemzuge nach der Geburt; das Buch Hiob (10.8–20) macht darauf aufmerksam. Die Austreibung aus dem Paradiese samt den Lastworten von Leid und Arbeit spiegelt sich in der Schwelle, welche die Vierzehnjährigen überschreiten. Von nun an müssen wir in die andere Richtung blicken. Jetzt muß der junge Mensch sich zuerst ein selbständig-freudiges Verhältnis zur Arbeit erringen und dann die Stufen der übrigen Gottesworte rückwärts bewältigen, bis daß er seinen Namen aus Gottes Munde hört; er wird dies fühlen und dann »wissen«, wozu er auf der Erde ist und was er tun soll. Dann ist er geistig mündig.

*

9. Wir beginnen nun noch einmal mit dem neunten Worte: »Im Schweiße deines Angesichtes sollst du dein Brot essen« (Genesis 3.19). Nur wenn dies Wort als Segen und nicht als Fluch verstanden wird, entfaltet sich heute das Leben des Menschen gesund. Nimmt man an, das persönliche Leben fange wie bei David versuchsweise mit der Konfirmation an, dann wird sofort sichtbar, daß in den Jugendjahren alles darauf ankommt, daß der Jugendliche die Süßigkeit der Arbeit entdecke.

Die vorchristliche Menschheit vermochte das noch nicht. Damals sang der hebräische Psalmist: »Unser Leben währet siebzig Jahre . . ., und selbst wenn es köstlich war, war es doch nur Mühe und Arbeit« (Psalm 90.10). – Die gebildeten Griechen und Römer hielten Handarbeit für unter ihrer Würde. Erst Benedikt von Nursia lehrte seine christlichen Brüder im 5. Jahrhundert: »Bete und arbeite.« Nach ihm klang derselbe Psalm in Luthers Munde neu und anders: »Unser Leben währet siebzig Jahre; und wenn's hochkommt, sind es achtzig Jahre; und wenn es köstlich gewesen ist, dann ist es Mühe und Arbeit gewesen.«

Zur Arbeit läßt sich selbstverständlich weit mehr und Genaueres sagen. Wir deuten nur auf wenige ihrer Eigentümlichkeiten hin: Die Feldbestellung durch den Mann ist das Urbild aller Arbeit, aber auch nur das Urbild. Selbstverständlich gehört sie wie umgekehrt das Leid in gleicher Weise Mann und Frau an. Die seelisch gesundeste Form der Arbeit ist die mit der Hand. Wer nicht gern zu ihr zurückkehrt, wenn die Umstände es gebieten oder wenn ein Zweifel über ihre rechte Art auftaucht, der versäumt die Erziehung seines Willens. Wer aber körperlich arbeitet, braucht darum keineswegs zu vergessen, daß eine tüchtige geistige Arbeit in der Welt viel mehr bewirkt als eine leibliche. Schon ein Erfinder in nötiger Sache leistet für die Menschheit erheblich mehr als ein Handwerker, obgleich auch dieser unentbehrlich ist. Vielleicht bewirkt die rechte Wissenschaft vom Menschen und seinen himmlischen Helfern noch unvergleichlich mehr als eine Erfindung. Immer gesundend aber bleibt darum doch die Handarbeit.

Ägypten, Griechenland und Rom erzwangen die körperliche Arbeit. Die Städte des christlichen Mittelalters machten sie zu einem fröhlichen Gemeinschaftswerk. Die Reformation und die Aufklärung – so auch Kant – begriffen sie als die persönliche Pflicht des einzelnen vor Gott und vor der Menschheit. Sie sahen sie an wie einen Stecken, der die Seele zu ihrem Heile stützt. Harte Arbeit, so sagte man, schützt vor »unreinem Leben«.

Im neunzehnten Jahrhundert, entscheidend erst in seiner zweiten Hälfte, wurde die Arbeit mehr und mehr zu einer Ware, die jeder möglichst teuer zu verkaufen trachtete; das ist auch heute noch so. In dieser Form liegt wenig Heil. Ihren vollen, inneren Wert gewinnt sie dann zurück, wenn sie unabhängig vom Lohn aus der Freude am Schaffen und aus der Hingabe an ein größeres Ganzes fließt. In dieser Form wird sie wohl für alle künftigen Zeiten ein Wesenszug der Menschheit bleiben, die sich mit Christi Kraft weiterentwickeln möchte. Nur solche Seelen können sich mit ihm verbinden, welche die Lastworte Gottes zu tragen bereit sind. Christus befreit niemanden von Leid und Mühe, wie es Buddha durch seinen Geistespfad versuchte, aber er macht sie beide für den Menschen fruchtbar, daß sie ihn sichtbar fördern.

*

10. Urbildliche Schmerzen sind die Schmerzen einer Mutter bei der Geburt ihres Kindes. Schon darum heben sie die Frau über sich als einzelne hinaus, weil sie einem anderen Menschen den Weg ins Leben bahnen. Wie die Wehen der Geburt kann jeder Schmerz und jedes bewußt getragene seelische Leid uns über die Grenze unserer Person hinausführen. Meister Eckehart sagte, daß es für die Seele kein schnelleres Roß zum Ziele der Vollkommenheit gäbe als das Leiden. Zur Verbitterung führt nur das unbewältigte oder das fehlgedeutete Leid.

Im Leiden kam David, als er eines Abends vor seinem Sohne Absalon und dem verräterischen Kanzler Ahitophel fliehend, barfuß und weinend durch die Gärten, die man später Gethsemane nannte, den Ölberg hinaufstieg (2. Samuel 15.30), dem Christusleben am nächsten. Für Paulus galt dasselbe in seinem Prozeß vor dem römischen Proku-

rator in Jerusalem und Caesarea (Acta 21–27) und so auch für viele Märtyrer.
Schmerz und Leid führen uns über unsere Grenzen hinaus. Allein darum schon dürfen wir sie auf keinen Fall willkürlich aufsuchen; sie dürfen nur hingenommen werden. Selbstverständlich hat der Mensch auch solche Aufgaben freiwillig zu übernehmen, die gefährlich sind oder von Schmerzen begleitet werden. Aber nur ein übermenschliches Bewußtsein kann, ohne böse zu werden, Schmerzen zuteilen. Und so wie jedes irdisch-willkürliche, vermeidbare Zufügen von Schmerzen böse ist und immer böser macht bis zu den schrecklichen Abirrungen schwarzer Magie hin, so ist die willentliche Selbstverletzung auch unheilvoll. Und weil der Schmerz als solcher sich dem irdischen Verstande entzieht, kann ihn auch nur das religiöse Bewußtsein auf Erden fruchtbar bewältigen.
Das Leid soll in der Entwicklung eines Menschen als Probe und Geleiter, wenn es schon nötig ist, der errungenen Arbeitsfreude möglichst erst nachfolgen und den Menschen nicht vorher schon in größerem Ausmaß heimsuchen. Das Schicksal kann ohne Schaden alles tun; es kann zu unserem Heil auch anders verfahren. Der Regel nach aber brauchen Kinder und Jugendliche zuerst Freude an einem natürlichen und wohlgestalteten Dasein und Freude an ihren Arbeitsversuchen; erst später sollen sie ernsthaftes Leid bewältigen lernen. Wir müssen als Erzieher nach ihrer Arbeitsfreude streben und diese zuerst die Jugendlichen lehren, sonst kann sich keine Kraft in ihnen bilden.
Die Menschheit in Ost und West hat sehr verschiedene Beziehungen zur Arbeit und zu Schmerz und Leid. In Nordamerika fragen heute beinahe alle Menschen einander bei jedem Treffen nach ihrem Job, nach ihrer augenblicklichen Arbeit; und dann, wieviel Geld damit verdient wird. Ein fauler oder ungeschickter Mensch verliert bei

dieser Art des Verkehrs den seelischen Atem. Dort will auch jeder Mensch arbeiten. Aber Schmerz, Leid und Tod werden drüben im Gespräch streng vermieden; sie werden versteckt, unterdrückt und geleugnet. Man hat keinen Sinn für sie.

In Osteuropa aber wird die Arbeit, die schwere Arbeit, die auch dort geleistet wird, als Zwang empfunden; man tut sie selten aus eigenem Antrieb; man beklagt sie als eine Form des Leidens. Leidensfähig, ja leidenswillig aber sind dort beinahe alle Menschen. Leiden zu erfahren, von ihnen zu sprechen und sie standhaft über lange Zeiten zu ertragen, dieses gilt im Osten als menschlich.

In der europäischen Mitte können wir zu beiden Lastworten eine gute Beziehung pflegen. Ihre Bewältigung schafft Kräfte in der Seele, die – wenn Sie es einmal in der eigenen Seele wie an einem unsichtbaren, gleichsam chemischen Versuche prüfen mögen – zu der objektiven Liebe zusammenschmelzen. Keine der beiden Kräfte allein vermag das zu leisten. Die Arbeit allein kann die Menschenseele leicht im Egoismus und im materiellen Leben verhärten, und das Leid allein führt sie leicht aus dem Leben hinaus oder es verbittert. Sollte diese oder eine noch reichere Verschmelzung – ich meine reichere, weil andere Gottesworte über den Menschen diesen beiden vorausgingen – den Quell der tätigen und zugleich duldenden Menschenliebe bilden, dann würde der Geist Christi mittels derselben Kräfte in Menschenseelen einziehen, welche über weite Spannen der Geschichte hin aus den Fluch- und Lastworten Gottes erwachsen sind. Man kann die Weisheit des Paradieses-Mythos wohl kaum zu hoch einschätzen.

Es gibt auch zu denken Anlaß, daß gegenüber allen großen, geschichtlich bekannten Religionsstiftern wie Mose, Zarathustra, Laotse, Kungtze, Buddha, Mani und Mohammed nur Jesus beinahe lebenslang als Handwerker arbei-

tete und daß das Leiden nur in seinem Lebenswerke eine wesentliche, nicht wegzudenkende Rolle spielte.
Uns Mitteleuropäern gelingt der Lebensweg in eben dem Maße, in welchem diese beiden Lastworte Gottes, der Wille zur Arbeit und die Bereitschaft zum Leide, zu einer zweiten, höheren Natur der Seele werden. Die Seele schöpft das Leben geistig ganz aus, wenn sie sich alle zehn ersten Worte Gottes über den Menschen aneignet.

II.

Verehrte, liebe Freunde!

1. Dem unmittelbaren Beobachten am Lebenslaufe des Menschen, dem wir uns heute zuwenden, sende ich wieder ein paar Beobachtungen an der Bibel voraus, weil sie weitere Grundbegriffe der Biographik deutlich machen.

In der Genesis wechseln die Namen Gottes. Die Wissenschaft vom Alten Testament hat an den Wechsel eine Theorie über Quellenschriften geknüpft. Dazu gibt es meines Erachtens keinen Anlaß; denn der Wechsel ist sinnvoll, und der Sinn in ihm ist auch fruchtbar für die Erkenntnis der Gesetze, die im menschlichen Leben walten. Der hebräische Text der Schöpfung in sieben Weltentagen nennt die Gottheit »Elohim«. Das Wort steht in der Mehrzahl; trotzdem regiert es sein Verbum mit nur drei gestern angeführten Ausnahmen in der Einzahl. Die Paradieses-Erzählung (Genesis 2–3) nennt Gott »Jahve-Elohim«, was Luther mit »Gott der Herr« wiedergibt. Hernach in den Erzählungen von Kain bis Abraham heißt Gott nur »Jahve« oder »der Herr«, außer in einigen Teilen des ausgedehnten Berichtes von der Sintflut. – Bei Abraham im Heiligen Lande wird ein dritter Gottesname »El« mit verschiedenen Zusätzen gebraucht, den wir hier aber beiseite lassen dürfen.

Der Wechsel der Gottesnamen in der Genesis ist einfach geordnet: Wo die Welt und der Mensch geschaffen werden, sagt die Schrift Elohim, was wir mit »Gott« übertragen. Wo sowohl am Leibe als auch am Bewußtsein des Menschen gebildet wird wie im Paradiese, sagt sie »Gott der Herr«; und wo es nur um das menschliche Bewußtsein geht wie bei Kain, ist auch nur von »dem Herrn« die Rede.

Mit dem »Herrn« haben es die Geschichte und die bewußte Biographie zu tun. Zum »Herrn« gehören Schuld und Sühne, Sünde und Vergebung, welche den menschlichen Lebenslauf als unregelmäßige Faktoren erfüllen. Wenn wir hier das Augenmerk auf die regelmäßigen Erscheinungen richten, welche jene tragen, so doch nicht auf die vorzüglich kreatürlichen; sie würden den Namen »Gott« verlangen. Wir bleiben also bei dem »Herrn«.

Nur der Bericht von der Sintflut bedient sich in einem Teil wieder des Namens Elohim. Das ist verständlich, denn damals veränderte die Gottheit die Erde, und daran hatte das menschliche Bewußtsein keinen Anteil. Dieser Eingriff des Schöpfers wurde notwendig, weil die Menschheit Wege zur Leibessteigerung ging – es handelte sich wohl um okkulte eugenische Machenschaften, welche die Vererbung beeinflußten –, zu denen die Bibel Stellung nimmt mit den Worten: »Als die Kinder Gottes zu den Töchtern der Menschen eingingen und sie ihnen Kinder gebaren, da wurden daraus Gewaltige in der Welt und berühmte Männer ... Da reute es den Herrn, daß er die Menschen gemacht hatte ...« (Genesis 6.4-6). Während das Werk des »Herrn«, des Weckers unseres menschlichen Bewußtseins, gestört wurde, mußte die Gottheit wieder als Elohim oder Naturschaffer eingreifen, damit der Wecker des spezifischen menschlichen Bewußtseins die Oberhand behalte. Das war die geistige Ursache der Sintflut. Der »Herr« kürzte außerdem die Lebensdauer der Menschen (Genesis 6.3), rückte also den Tod gehörig ins Bewußtsein und ließ die dauernde Ordnung der wechselnden Jahreszeiten eintreten (Genesis 9). Noahs Opfer nach der Flut nahm wieder »der Herr« allein entgegen (Genesis 8.20 ff.).

Bei den Erzvätern taucht der Schöpfername Elohim immer dort auf, wo es um die Generationen geht; so auch in der vollständig erst von Mose gehörten Formel »Der Gott

Abrahams, Isaaks und Jakobs«. Gott heißt hier Elohim, obgleich in dem umgebenden Texte vom brennenden Dornbusch auf dem Sinai (2. Mose 3) allein »der Herr« das Feld beherrscht. Die Genesis und das ihr folgende Buch vom »Auszug« aus Ägypten verwenden die verschiedenen Namen der Gottheit streng in dem angegebenen Sinne. Aber aus dem brennenden Dornbusch hörte Mose auch eine neue Selbstbezeichnung Gottes, die in der an sich schon deutlichen Richtung weiterführt; er hört aus dem Feuer: »Ich bin der Ich-bin«, oder »Ich werde (jeweils) sein, der ich sein werde«, was dem Sinne nach wohl auch so auszudrücken wäre: »Ich bin für niemanden und durch kein Mittel verfügbar; dennoch trete ich immer wieder in jeweils anderer und jeweils neuer Weise offenbarend-handelnd an euch Menschen heran.«
Im Tempel zu Jerusalem nahm der sonst verbotene Gottesname Jahve die Stelle des fehlenden Kultbildes ein. Der Priester sprach den heiligen Namen nur dort und auch dort nur im Opferdienste an bestimmter Stelle aus, um durch ihn Gottes Gegenwart herbeizurufen. In weniger wichtigen Zeremonien des Tempels riefen oder sangen die Priester statt des heiligen Namens wahrscheinlich »Ani hu«, was wir mit »Ich bin« zu übersetzen haben; es ist das große Ich-bin, welches die Gottheit und nur sie spricht.
Im Johannesevangelium bezieht Christus diese Selbstaussage Gottes vielfältig auf sich; aber auch der Text bei Matthäus macht wahrscheinlich, daß Jesus im Prozesse, als der Hohepriester ihn bei dem lebendigen Gotte beschwor: »Sage uns, bist du der Christus, der Sohn Gottes«, mit dem kultischen »Ani hu« antwortete. Das deutete das Gericht als Gotteslästerung (Matthäus 26.64).
Auch schon der Name Jahve, »der Herr«, dessen Bedeutung sprachlich unsicher ist, meint im vielfachen Gebrauche des Alten Testamentes Gott als Ich. Dem entsprechend be-

ginnen die zehn Gebote vom Sinai mit der überstarken Form des ersten Fürwortes, das sonst »ani« heißt: Anochí Jahvé elohécha – »Ich, ich bin der Herr, dein Gott.« – Unter dieser Offenbarung wurde das Ich des Menschen wie unter einem himmlischen Schirm langsam herangebildet.

Die Kurzformen des unaussprechlichen Namens lauten »Jah« und »Jo«. »Jo« steht am Anfang von Eigennamen und »Jah« an ihrem Ende wie in »Johannes« und »Elijah« oder Elia. Diese beiden Formen gelangten bemerkenswerterweise, wenn Sie eine sprachliche Kurzexkursion durch Europa erlauben, erst in christlicher Zeit und im Italienischen und Neugriechischen als »jo« und im Slawischen als »ja« zu der Bedeutung »ich«, während das Wort »ich« im Deutschen aus altgermanischem »ek« die Form der Initialen Jesu Christi annahm (J = I).

Das Gottes-Ich bildet das Hauptthema der Bibel bis zu Jesus hin. Dieses Ich war der »Schatz Jakobs« (Jeremia 10.16). An seinem Scheine reifte zunächst das Bewußtsein für die Geschichte in Israel heran, für die Geschichte, in welcher nichts so wiederkehrt, wie es war, und welche als ganze eine Gestalt gewinnt. Im Lichte dieses Schatzes konnte auch das biographische Bewußtsein des einzelnen Menschen heranreifen und unter ihnen beiden verborgen das Menschen-Ich selbst, welches das Herzstück einer jeden Biographie ausmacht. – Augustinus, der das Wesen der Biographie aufdeckte, prägte in derselben Schrift als erster auch den philosophischen Ausdruck »das Ich – ego, ego animus« (Confessiones X 6.9).

Selbstverständlich kann man das Wort Ich in der Seelenlehre und noch mehr im Leben auch leichtfertig benutzen; daran wollen wir immer mitdenken. Im praktischen Leben gibt es gegen die falsche Benutzung dieses Wortes ein gutes Mittel, nämlich im Dienste anderer zu wirken. Je mehr sich in diesem Begriffe »Ich« Berufung, Aufgabe und Dienst verbergen, um so deutlicher klingt im kleinen Ich das große »Ani hu« mit, welches Christus sprach. Durch sein Ich-bin gewinnt am Ende auch unser Leben geistiges Gewicht und wird so in die Ewigkeit hinüberwachsen, wie Johannes es vielfältig im Evangelium und Paulus im Briefe an die Römer 8.9–11 sagen. Solche Geheimnisse liegen in dem »Schatz Jakobs« verborgen.

*

2. Während Jesus als Mensch das göttliche Ani-hu sprach, zog er den Tod auf sich. Er zog ihn aber nicht nur wie ein äußeres Verhängnis auf sich, sondern er nahm ihn in sein Wesen auf; und das ist viel mehr. Dieses Geheimnis ist im kleinen Umfange jedem einzelnen Lebenslaufe eingewoben. Davon müssen wir nun reden.

Der Tod tritt, biblisch gesehen, als Folge der Sünde auf (Genesis 2.17), so wie Paulus sagt: »Der Tod ist der Sünde Sold« (Römer 6.23). Aber wie die Lastworte von Arbeit und Leiden mehr und mehr zu Segensworten werden, so kann es auch mit dem Tode geschehen. Nur der Tod und das Bewußtsein von ihm geben unserer Lebenszeit das Maß und den gedrängten Inhalt. Der Tod schafft die Zeitgestalt des Menschen.

Die Urväter lebten gemäß der Schrift, die wir an dieser Stelle nicht deuten wollen, viele hundert Jahre; Methusalem brachte es mit 969 Jahren am weitesten. Nur Henoch fand ein festes Maß für seine Jahre; er nahm es von der Sonne mit der Zahl 365. Er ist auch der einzige neben Elia, dem das Alte Testament eine Himmelfahrt zuspricht (Genesis 5.24; 2. Könige 2.11). In der altjüdischen Legende tritt Mose als dritter neben diese beiden.

Vor der Sintflut wollte der Herr die abgeirrte Menschheit

zunächst allein durch eine beschränkte Lebenszeit von ihrer Sünde heilen; er beschnitt die wuchernde Raumesgestalt durch ein zeitlich strenger gerafftes Leben. Der Text sagt: »Mein Geist (Atem) soll nicht endlos im Menschen bleiben; sein Leben dauere (nur noch) 120 Jahre« (Genesis 6.3). Vorher hatte die Lebensdauer das menschliche Bewußtsein jedenfalls überstiegen, so wie es heute in gesunder Weise noch bei Kindern der Fall ist. Einem Kinde scheint schon ein Jahr unüberschaubar lang zu sein, geschweige denn ein Leben. Für das Kind gehen vom Tode noch keine Antriebe für sein Leben aus. So war es einst für die ganze Menschheit. Das wurde nach biblischer Aussage seit Noahs Zeit anders. Naturgeschichtlich ausgedrückt geschah das unmittelbar nach der letzten Eiszeit, also 10 000 bis 8 000 Jahre v. Chr. – Genau hundertzwanzig Jahre sind gemäß der Bibel nur Mose zuteil geworden. Unser heutiges Maß von siebzig Jahren, das der 90. Psalm nennt, gehört im Alten Bunde ausdrücklich nur zu David. Nicht umsonst bietet David die erste Biographie dar, die als eine solche im heutigen Sinne ohne Abstrich gelten kann.

*

3. Der sündige Impuls, der zu Noahs Zeit die Lebenskräfte wuchern ließ, wirkte auch später noch. Während der Königszeit Israels sammelten sich die Menschen um den Fruchtbarkeitsgott Baal. Zu ihrem vollen Selbstbewußtsein kam diese Strömung unter der Königin Isebel von Samaria. Sie war eine Prinzessin aus Tyros und sammelte unter dem Namen Baals, der auch der Schutzgott ihrer Heimat war, alle, die an Blut und Boden glaubten. Ihr Gegenspieler im Dienste des »Herrn« war der Prophet Elia. Er rief im Streite mit den regenmachenden Baalspriestern auf sein Opfer den Blitz des »Herrn« herab

(1. Könige 18.38); er dachte die Menschenseelen in Israel vom Geiste her und von oben her gezeugt; Isebel dachte sie nur natürlich und von unten her gezeugt. Sie wollte Züchtung durch Vererbung; er wollte Erweckung eines stärkeren Bewußtseins. Sie hielt es allein mit den Mächten der Geburt, und dies im groben Sinne ohne die geistigen Hinweise, welche die biblische Schöpfungsgeschichte, das Buch Hiob u. a. mit Geburt und Kindheit verbinden. Von ihnen sprachen wir gestern. Elia aber hielt es mit der erweckenden Kraft des Todes.

Zu derselben Zeit saß Josaphat in Jerusalem auf Davids Thron. Bevor er im Jahre 874 König wurde, hatte zwischen den beiden Staaten, in welche das Reich Davids nach Salomos Tode im Jahre 932 zerfallen war, ein sechzigjähriger Krieg geherrscht. Josaphat schloß nun Frieden mit Samaria, indem er Isebels Tochter Athalja für seinen ältesten Sohn als Kronprinzessin nach Jerusalem holte. Elia scheint er nicht gekannt zu haben; jedenfalls beachtete er ihn nicht. Die neue Schwiegertochter Athalja aber rottete hernach das messianische Geschlecht auf dem Throne in Jerusalem aus. Ich habe das im Buche »Der Messias« genauer dargestellt.

Josaphats naiver Beziehung zu Isebel und Athalja und seinem damit wahrscheinlich unbewußt aus Dummheit vollzogenen Verrat an Elia liegt ein fehlender Sinn für die persönlichkeitsprägende Kraft des Todes zugrunde. Elia aber empfing damals als seinen Lebensauftrag in derselben Höhle auf dem Sinai, von welcher aus Mose Gott geschaut hatte (2. Mose 33.22), ein dreifaches Gebot zu Tod und Untergang: »Salbe Hasael zum König über Syrien. – Mache Jehu zum König von Israel. – Mache Elisa zum Propheten an deiner Statt« (1. Könige 19.15–18). Diese Gebote führten Syrien als Landesfeind über Israel; sie stürzten Israel in innere Wirren, die seinen Untergang

einleiteten; und sie verhängten über ihren mutigen Empfänger den Tod. – Elia trug wohl als erster in Israel seinen frühen Tod voll bewußt mit Mut aus religiöser Kraft. Damit errang er eine Stufe auf der Steige, welche die Todesdrohung Gottes vom Paradies in einen Segen verwandelt; die volle Umwandlung als eine Möglichkeit für jeden Menschen ging später vom Tode Jesu aus.
Geburt und Tod sind als die regelmäßig wirkenden, polaren Kräfte unseres Lebens nun wohl ausreichend beschrieben, so daß wir uns den Altersstufen zuwenden dürfen.

*

4. Die regelmäßigsten Erscheinungen unseres Lebens liegen in den Kurzrhythmen des Leibes, im Herzschlag und im Atem. Längere Rhythmen des Lebens werden von Erde und Sonne als Tag und Nacht erzeugt; Tag und Nacht beantwortet der Mensch mit Wachen und Schlafen. Der Reigen der Jahreszeiten bildet die nächste Stufe. Das Bedürfnis unseres Leibes nach diesem Rhythmus ist nicht immer so deutlich wie etwa in der Pflanzenwelt; aber auch beim Menschen weisen z. B. Störungen durch Krankheit auf dieses Bedürfnis hin. Im religiösen Leben verstärken wir ihn als den eigentlichen Sonnenrhythmus bewußt durch die großen Feste.
Atemzug, Tag und Jahr hängen eng miteinander zusammen, denn sie bestimmen merkwürdigerweise gemeinsam auch die mögliche Länge unseres Lebens. Soviel Atemzüge wir an einem Tage tun, auf etwa so viele Lebenstage sind wir eingerichtet; das sind soviel Jahre, wie der 90. Psalm uns zuspricht, siebzig, achtzig oder etwas mehr. Und so viele Tage wir in 72 Jahren leben, in so vielen Jahren wandert für unsere Sicht die Sonne mit ihrem Frühlingsaufgangspunkt durch den himmlischen Sternentierkreis. Diese Zeit

heißt ein »platonisches Jahr«; astronomisch erklärt man es als ein langsames Kreiseln der Erdachse, die im Umlauf eines Jahres zunächst festzustehen scheint. Die allen diesen Entsprechungen beinahe gemeinsame Zahl ist 26 000. Nach diesem Weltenjahr richten sich gemäß Steiners Lehre auch die Wiedergeburten des Menschen; in jedem Weltenmonat erfolgt in der Regel je eine männliche und eine weibliche. Die Inkarnationen lägen dann also etwa tausend Jahre auseinander, heute häufig weniger. Das ist dieselbe Zeit, von welcher der 90. Psalm spricht: »Denn tausend Jahre sind vor Dir (Herr) wie eine Nachtwache und wie der Tag, der gestern vergangen ist.« – Der Mensch eilt der Erde mit seinen Rhythmen meist ein wenig voraus; er hat es eilig. Aber Mensch und Erde sind dennoch in allen wiederkehrenden Erscheinungen eine elastisch schwingende Einheit.

Jahr und Tag und Weltenjahr lassen wir nun beiseite und befassen uns nur noch mit der Gliederung des Lebens nach Jahren. Da herrscht ein siebenjähriger Rhythmus vor. Darauf wies schon der im Jahre 460 v. Chr. geborene größte Arzt Griechenlands, Hippokrates von Kos, hin.

Der kindliche Körper geht durch zwei Gestaltverwandlungen im siebenten und im vierzehnten Lebensjahre. Die gleichzeitigen seelischen Wandlungen sind nicht geringer als die leiblichen. Während die leiblichen aber in den folgenden Siebenern mit 21, 28 usw. annähernd verschwinden, gehen die seelischen Entwicklungsstufen deutlich weiter. Sie allein sollen uns beschäftigen.

Die ersten sieben Lebensjahre enthalten mehr Geheimnisse als das ganze übrige Leben zusammen. Jean Paul, der Dichter, bemerkte, daß dies sogar für die ersten drei Jahre allein schon gelte. Diese sieben Jahre gehören noch mehr zum leiblich-seelischen Aufbau der Person als zu deren bewußter Entfaltung. Sie bilden eine Welt für sich, gehören beinahe noch der unbewußten Schöpfung an und damit mehr zur Gottheit als Elohim denn zur Gottheit als »dem Herrn«.

*

5. Beinahe dasselbe gilt auch noch für den zweiten Abschnitt der Kindheit zwischen sieben und vierzehn Jahren. Das Kind belehrt sich jetzt nicht mehr allein durch seine Sinne und richtet sich nicht mehr allein durch die Nachahmung zu seinem Menschsein auf. Ihm werden nun vielmehr durch Worte auch zahlreiche Inhalte vermittelt, welche es selbst unmittelbar niemals hätte erfahren können, z. B. die Geschichte der vergangenen Zeiten. Es überläßt Eltern und Lehrern das Urteil über diese Inhalte.
Gruppenmäßig, wie es aufwächst und belehrt wird, will es leben. Ein Kind will so sein, will so sprechen und so gekleidet und behandelt werden wie alle anderen Kinder, die es kennt. Es fühlt sich vorzüglich als Glied seiner Altersstufe und ist noch nicht recht eigentlich ein Einzelwesen; es hat im strengen Sinne noch keine Biographie. Wir müssen die Darstellung dieser Lebenszeit darum den Pädagogen überlassen. Wir erinnern uns aber, daß die Paradieses-Erzählung mit ihren Stufen sich im Werden des Menschen bis zum vierzehnten Lebensjahre spiegelt und daß wir dieselben Stufen für den selbständigen Menschen dann in umgekehrter Reihe durchgehen mußten.

*

6. Der Anfang einer persönlichen Lebensführung liegt im vierzehnten Lebensjahre. Wir unterstützen ihn durch die Konfirmation.
Auch Jugendliche schließen sich wenn möglich noch zu kleinen Rudeln mit eigenem Gehabe zusammen. Obgleich es

unter solcher Jugend, die seelisch zu wenig gepflegt wird, auch lockere Gruppen gibt, die schnell zusammenlaufen und sich schnell wieder trennen – das ist selbstverständlich nicht gut –, so bilden Gruppen von fünf bis zwanzig Menschen doch eine erste höhere Einheit neben der Familie. Diese Erscheinung gehört vorzüglich, aber nicht allein dem Jugendalter an; die Menschen kommen meist – wenn Sie den Ausdruck erlauben – »rudelweise« zur Welt und gehen so auch wieder. In dieser Erscheinung spiegelt sich neben der Ehe wohl eine zweite Seite des Gotteswortes: »Es ist nicht gut, daß der Mensch allein sei« (Genesis 2.18).

Jeder einzelne Jugendliche reißt sich von seinen Eltern und bisherigen Lehrern teilweise los und sucht sich eine neue Autorität. Im Übergang vereinsamt er seelisch oft sehr stark. Er kann noch nicht für längere Zeit allein sein und erst recht nicht seelisch auf sich selbst beruhen; denn er besitzt nur erst die Wahlfreiheit und noch nicht die eigentliche Freiheit, die man Erfindungsfreiheit nennen kann.

Einen neu gefundenen Führer überschätzt der Jugendliche, solange er ihn verehrt. Er braucht zu seiner seelischen Entwicklung auch unbedingt ältere Menschen, die er verehren kann. Sobald er aber anfängt, den älteren zu kritisieren, dann unterschätzt er ihn sogleich. Er sieht bei Kindern meist nur deren Unvermögen und in den älteren Menschen entweder Engel und Helden oder Teufel und Schwächlinge, aber eigentlich noch keine Menschen. Er kann sie noch nicht gelten lassen, wie sie sind. Statt dessen hat er – besonders wohl im letzten Viertel dieses Jahrsiebents – die Möglichkeit, von der Sphäre der Engel realiter mehr zu ahnen, als es ihm in den meisten Fällen später jemals wieder möglich wird.

Es ist eine Eigenart des individuellen Lebens, die zu dessen unregelmäßig wirkender Kraft gehört, daß durch undurchschaute und unkontrollierte seelische Haltungen und Bewegungen in diesem Alter, z. B. durch schlechten Schulbesuch, durch sinnlosen Trotz, allzufrühes Fortstreben von zu Hause usw., die spätere Lebenslage häufig unglücklich festgelegt wird. Regelmäßig daran ist nur, daß solche Einschläge im dritten Jahrsiebent geschehen. Irdisch gesehen, schmieden wir den größten Teil unserer Geschicke dann, wenn wir am wenigsten davon verstehen. Hinter diesem Rätsel liegt in Wahrheit wohl ein wichtiger biographischer Kunstgriff, eine List der himmlischen Vernunft, wie Hegel sagen würde.

Im frühen Jugendalter kommt alles darauf an, daß der Junge oder das Mädchen den Eigenantrieb zur Arbeit findet. Von der seelischen Gesundungskraft der körperlichen Arbeit sprachen wir schon; deren Urbild ist der Landbau. Hinzutreten muß die noch wichtigere Arbeit an dem unsichtbaren Acker, den wir Seele nennen. Da muß probeweise viel gesät, d. h. gelernt werden, obgleich man weiß, daß die entscheidende Saat und Ernte erst später geschehen werden. Jetzt wird geackert, werden Lupinen und anderes gutes Kraut gesät und wieder untergepflügt, um den Kulturboden heranzubilden. Niemand weiß, für welche Frucht der Acker einmal bestimmt ist. Darum sollte eine unnötig frühe oder gar endgültige Spezialisierung in der Ausbildung der Jugendlichen vermieden werden.

*

7. Die Gefahr, den Geschmack an harter Arbeit nicht zu finden, und zwar weder an der körperlichen noch an der seelischen beim Lernen – von einer noch höheren Form bei der geistigen Tätigkeit des Forschens kann noch nicht die Rede sein –, diese Gefahr ist heute für Jugendliche sehr groß. Was hier Hänschen nicht lernt, d.h. daß er nicht lernt zu lernen, das lernt Hans bekanntlich nimmermehr.

Dann aber gerät der Sinn des Lebens in Gefahr. Wird das Unvermögen zur Härte in der Arbeit auch mit achtzehn Jahren noch nicht überwunden, dann ist sofortige, kräftige Hilfe von außen nötig.
Als eine wirksame Hilfe in solchen Fällen lernte ich wiederholt die Verpflanzung nach Nordamerika kennen, selbstverständlich nicht zu Besuch und zu Besichtigungen, sondern zum Arbeiten mit Geldverdienen, und – das ist auch wichtig – dieses nur für ein Jahr, auf daß das dort noch gute Arbeitsklima den jungen Menschen zwar voll erfasse, er auch der dort üblichen Kontrolle mittels des verdienten Geldes teilhaft werde, daß aber die Schwäche dieser Kultur, z. B. ihre Leidensscheu, nicht allzu tief auf den jungen Menschen einwirke.
Heute macht man sich wohl unbeliebt durch den Hinweis, daß vor hundert Jahren der Dienst als Soldat vielen jungen Männern von an sich schwachem Willen über den Weg half. Die militärische Willenserziehung wurde zwar von den wenigsten hernach persönlich umgewandelt und dadurch auch innerlich angeeignet; sie blieb dann, individuell gesehen, problematisch; aber sie half zunächst doch eine Lücke füllen, die nicht sein darf. – Amerika wirkt ähnlich, aber vorerst besser. Man sieht dabei auch mehr; und aus dem Elternhaus zu kommen, ist es sowieso Zeit.
Zur Geschichte der Arbeit in unserem Kulturkreis sprachen wir bereits. Sie befindet sich heute an dem Punkte, an welchem die früheren Antriebe: der Kampf ums Dasein, der Hunger und der materielle Egoismus, allzuoft keine ausreichenden Beweggründe mehr sind. Auch der Ehrgeiz und der soziale Aufstieg verlieren an Kraft. Natürlich lassen sich die meisten Menschen unbewußt vom allgemeinen Arbeitsklima tragen, d. h. von den meist durch die Gewohnheit noch bestehenden alten Antrieben. In straff geführten Staaten spielt die Furcht vor Strafe noch eine

große Rolle als Antrieb zur Arbeit, in Amerika die Furcht vor Mangel und verlorenem Ansehen. Aber das alles läßt nach. Zukunftsträchtig wird wohl die Kenntnis von der möglichen Entwicklung des Menschen im Laufe seines Lebens sein, die Kenntnis von altersgemäßen Erreichbarkeiten und möglichen Versäumnissen. Ebenso wichtig wird die Kenntnis der für die der ganzen Menschheit heute erreichbaren seelischen Fähigkeiten sein, welche früher noch nicht, heute aber entwickelt werden können und notwendig sind.

Ein erstes Mittel dazu stellt die Biographik dar. Sie möchte helfen, daß der einzelne sowohl für sein Leben als auch für die Gegenwartskultur lohnende Ziele finde. Die Lust an der Arbeit, es kann ja andere sein, als wir sie früher taten, wird das Fundament bleiben, auf welchem die Menschenseelen sich lebendig und entwicklungsfähig erhalten können. Goethe wies auf diesen Grundstein hin, indem er sagte: »Das Erste, was wir einen Menschen fragen, ist: ›Was tust du?‹, das zweite: ›Mit wem pflegst du Umgang?‹«

*

8. Als Leitschnur für die weitere Beschreibung der gesunden Seelenentwicklung verwenden wir die gestern dargelegten zehn ersten Gottesworte über den Menschen in ihrer umgekehrten Folge. In der Genesis hieß die Reihe: 1. Das Bild Gottes; 2. Die große Zahl; 3. Die Ernährung; 4. Tod und Böses; 5. Der Name; 6. und 7. Die Fragen; 8. Das Leid und 9. Die Arbeit; das zehnte Wort ist die Zusammenfassung aller: »Adam ist geworden wie unsereiner und weiß, was gut und (was) böse ist . . .« (Genesis 3.22). Wir besprachen, die Reihe rückwärts gehend, schon die Arbeit und das Leid. Mit Schmerz und Leid heben wir nun wieder an.

Frühe Völker fügten ihren Buben bei der Jugendweihe schwere Schmerzen zu; unter den Griechen taten so noch die Spartaner. – Das ist heute nicht mehr angebracht; aber vorübergehende Gelegenheiten zu einem sehr einfachen und sogar rauhen Dasein schätzt der Junge dieses Alters immer noch; er sollte sie auch bei uns finden. Man muß nur Obacht geben, daß er dabei nicht krank wird; denn er kennt noch kein rechtes Maß. Die Amerikaner unterhalten Camps in der Wildnis, welche diesem Bedürfnis angemessen sind.

Die Mädchen dieses Alters ließ man in frühen Zeiten ihre Phantasie ausbilden. Mit der Pubertät bricht die künstlerische Gestaltungskraft des Kindes bekanntlich zusammen; Musik und Malen machen das ohr- und augenfällig. Die künstlerische Kraft muß neu herangebildet werden. Das geschieht verhältnismäßig leicht durch das Theaterspiel; es hat unschätzbar hohen Wert für die seelische Entwicklung in diesem Alter. Aber auch die anderen Künste müssen wiederkehren, natürlich bei beiden, bei Jungen und bei Mädchen. Früher lernten die Mädchen Spinnen, Weben und Nähen, im vorigen Jahrhundert wenigstens noch gründlich Nähen. Vielleicht sollte man sie heute viel mehr als üblich schneidern lassen, damit eine jede durch ihre selbstgenähten Kleider ihre Seele offenbare und dadurch auch weiterbilde.

Auf die Mädchen warten im Leben von Natur mehr Schmerzen als auf die Jungen. Wir verlassen uns bei Mädchen in diesem Punkte also auf Natur und Schicksal. Aber der Kraft zum seelischen Leide kann durch eine religiöse Erziehung vorgearbeitet werden; die jüdische und die christliche Religion haben sich dieser Seite des Lebens ja beträchtlich zugewandt. Wichtig in unserer Zeit bleibt dabei die strenge Folge der Stufen, damit der Wille zur Arbeit nicht etwa übersprungen werde, wozu eine einseitige religiöse Erziehung führen könnte. Die rechte Regel heißt: Wir wollen die Arbeit, und wir ertragen Schmerz und Leid, die ohne unseren Willen kommen.

*

9. Auch die Fragen in den vorausgegangenen beiden Gottesreden der Paradieserzählung: Warum, wer, wie, wo? – steigen im Jugendlichen von selber auf. Sie wollen langsam reifen. Die Antwort möchte in selbst ausgeübten Künsten zuerst nur erfühlt werden, damit sie später um so richtiger ins klare Wort und ins sichere Handeln trete.

Zu solchen Antworten verhelfen unter Umständen die vorsichtig studierten Anfänge der europäischen Philosophie bei den Griechen, zuerst vielleicht nur Mythen, dann die Sprüche Heraklits und dann etwas von Platon. Erst mit neunzehn Jahren erwacht bei vielen, aber nicht bei allen, der eigentliche philosophische Trieb. Von da an sollte den jungen Menschen kein grundlegender Begriff des Lebens und der Wissenschaft verschlossen bleiben, soweit es eben nach ihrer Neigung und Fähigkeit möglich ist. Platon ist für dieses Alter der beste Lehrer des Denkens, was Fichte und andere Denker nicht ausschließt. Die öffentlich gehaltenen Reden Fichtes haben im deutschen Sprachgebiet noch heute eine ungemein erweckende Kraft.

Anthroposophie kann nur von solchen jungen Menschen zu ihrer Förderung aufgenommen werden, die schon bereit und geeignet sind, auch Philosophie zu treiben; also auch erst mit neunzehn Jahren, keinesfalls vor achtzehn. Andernfalls wird die Anthroposophie genauso wie solche philosophischen Systeme, die von Sechzehn- oder Siebzehnjährigen verschlungen werden, zur Dogmatik. Jede Dogmatik aber lähmt das Gedankenleben, obgleich dogmatische junge Menschen sich zunächst bereichert fühlen;

wenn das System viel von der Welt umspannt, bemerken sie nicht, oder es befriedigt sie schon, daß sie nur vorgeprägte Gedanken bewegen. Die neu entdeckte Welt der fügigen Begriffe berauscht sie. Eine geistentsprungene Dogmatik kann für manche Seelen durchaus das Mögliche und darum auch das Richtige während ihres ganzen Lebens darstellen. Diese Menschen sollten sie aber im Rahmen eines solchen religiösen Lebens pflegen, welches sich fast ganz auf die Gefühls- und Willensbildung richtet.

*

10. Die eigentliche Frage des jungen Menschen ist selbstverständlich die nach dem eigenen geistigen Wesen, nach seinem von Gott ausgesprochenen Namen. Die Frage kleidet sich in viele Formen; sie kann lauten: »Wer bin ich?«, »Was will ich?«, »Was soll ich auf der Welt tun?« Mädchen beantworten sich diese Frage oft mit siebzehn, achtzehn Jahren zunächst allzuleicht dadurch, daß sie ihren Rufnamen wechseln. Selbstverständlich kann auch das richtig sein, aber Vorsicht bleibt geboten; Namensänderungen wirken tief auf die Seele ein. Ein wichtiger Teil der Frage beantwortet sich besonders für Jungen in der Berufswahl.

*

11. Die Frage nach dem Namen zielt auf das eigene Ich im guten geistigen Sinne. Fruchtbar kann sie nur gestellt werden, wenn mit ihr zugleich die Bereitschaft erwacht, auch schon das nächst vorausgegangene Gotteswort vom Tode einzubeziehen. Das gilt am meisten für den jungen Mann. Dem Tod ins Auge geschaut zu haben, gibt Selbstsicherheit, macht großzügig und weckt Opferkraft; es weckt im jungen Menschen verhältnismäßig leicht Idealismus und Fröm-

migkeit von solcher – heute selten offen gezeigter – Stärke, wie sie auf anderen Altersstufen kaum erscheint. Platon zeigt am Anfang seiner Hauptschrift »Der Staat« und an vielen anderen Stellen seiner Werke, daß die Frömmigkeit den Boden für die Tüchtigkeiten bilde, auf welche im Leben alles ankommt, weil sie der Seele den fühlbaren Wert und das moralische Gewicht gibt, die es ihr ermöglichen, die Selbstsucht mehr und mehr beiseite zu schieben.

Dem Tode schaut immer der einzelne ins Auge; die Frömmigkeit wird am ehesten in der geeigneten Gemeinschaft bewußt; sie kann sich dort auch steigern. Besonders förderlich sind dazu Gruppen von über hundert Gleichaltrigen. Solche Gelegenheiten müssen geschaffen werden; dazu bietet der Kultus ein besonders keusches Mittel. Solche Frommheit bereitet alle geistige Entfaltung im späteren Leben vor.

Der junge Mann versucht in der Begegnung mit dem Tode das vorauszunehmen, was die junge Frau meist etwas später in ihrer ersten tragenden Liebe und noch mehr in der Geburt ihres ersten Kindes auf andere und natürliche Weise erlebt. Der Jüngling findet so auch endlich die Möglichkeit, die gleichaltrigen Mädchen, welche ihm in den ersten Jugendjahren in der Entwicklung fortgelaufen waren, wieder einzuholen.

Daß im Alter von neunzehn Jahren Tod und Liebe zusammengehören und sich entsprechen, das bezeugen nicht nur viele Volkslieder, nicht nur Rilkes Werk »Die Weise von Liebe und Tod des Cornets Christoph Rilke«, sondern auch die antiken Mysterien, insbesondere die Eleusinien. Beide Geschlechter erlebten sie erstmalig in diesem Alter und schmückten sich dazu wie Bräute mit Myrtenkränzen. Von den Zweigen einer anderen Art mit etwas größeren Blättern machte man auch die Kränze und Girlanden für Verstorbene; diese Art heißt heute noch Totenmyrte. Der Form nach waren die Mysterien einer Hochzeit ähnlich; innerlich sollte ein freiwilliger Tod erlebt und bewältigt werden. »Todeshochzeit« nannte sie darum Apuleius (120 n. Chr.).

In groben Zeitaltern, als viel Krieg war, die Kämpfe aber noch persönlich verliefen, etwa während der Kreuzzüge – sie hatten mit den wahnsinnigen Vernichtungen des zwanzigsten Jahrhunderts nur den Namen gemein –, da hätte man für die Jünglinge sagen können: Jede Generation braucht ihren Krieg. Wer damit nichts anderes als eine seelische Lage meint, kann wissen, daß Wahrheit in dem Satze steckt. Ersatzweise treten heute Segelflug, Segeln auf offenem Meer, Besteigen hoher Berge, wo es noch keine Lifte gibt, oder Sühnedienste in Israel mit schwerer Arbeit usw. für diese Bedürfnisse ein. Solche Ersatzdienste sind gut. Alle Drückebergereien hingegen verderben die männlichen Seelen. Die gegenwärtigen Verirrungen vieler junger Leute mit Drogen kommen meines Wissens nicht zuletzt daher, daß die Zivilisation ihnen verweigert, ihre Kräfte in wichtiger Sache einzusetzen und dies, wenn es sein muß, bis zum Tode. Auch die bekannte Neigung der Altersstufe zwischen achtzehn und einundzwanzig Jahren zum Selbstmord entspringt – falsch geleitet – der ihr notwendigen Begegnung mit dem Tode. – Die Künste können, wenn sie mit Hingabe ausgeführt werden, so stark in die Willenstiefe der Seele eingreifen, daß sie dem in diesem Alter oft unvermeidlichen Seelendrama die gefährlichen Spitzen abbrechen und alles viel harmonischer gestalten.

Diese wichtige Entwicklungsstufe läßt sich intimer und in größerer Höhenlage auch so beschreiben: Genau mit achtzehn Jahren, sieben Monaten und vier Tagen erfüllt oder löst sich der erste Mondknoten des Lebens. Der Mond kehrt dann in die Stellung zu Erde und Sonne zurück, die er bei der Geburt des Menschen hatte. Wer die Vorgänge seines eigenen Leibes genau beobachtet, weiß, daß Lebenskräfte vielfach in den Rhythmen des Mondes oder in Rhythmen gleicher Länge schwingen. Mondenkräfte verbinden Leib und Seele. Bei Mondknoten löst sich nun ein Teil der Seelenkräfte vom Leibe und kann sich dem objektiven Geiste in der Welt öffnen und zur Verfügung stellen. Bei diesem und jenem Menschen tritt dann in der Nacht eine Art von Erleuchtung ein, eine kleine, natürlich auftretende Einweihung. In früheren christlichen Zeiten hat man sie wohl als eine Bekehrung gedeutet. Bekehrungen gab es in diesem Alter immer zahlreich.

*

12. Wir verweilen noch bei dem Gotteswort vom Tode; sein Wortlaut heißt: »Vom Baum der Erkenntnis des Guten und Bösen sollst du nicht essen. Welchen Tages du davon aber ißt, wirst du des Todes sterben« (Genesis 2.17). – Der Sündenfall trat hernach trotz dieser Warnung ein. In seiner Folge verhängte der Herr zuerst eine Strafe über die Schlange, indem er sprach: »Auf deinem Bauche sollst du kriechen ...; ich will Feindschaft setzen zwischen dir und dem Weibe und zwischen deinem Samen und ihrem Samen. Er soll dir den Kopf zertreten; und du wirst ihn in die Ferse stechen« (Genesis 3.14-15).

Die Folge schildert die Apokalypse in ihrem zentralen Hauptstück auf ausgereifter Stufe: »Im Himmel erschien ein Zeichen: Ein Weib, mit der Sonne bekleidet, der Mond unter ihren Füßen, auf ihrem Haupte eine Krone von zwölf Sternen. Sie war schwanger und schrie in Kindesnöten ... Und siehe, ein anderes Zeichen erschien im Himmel: Ein großer roter Drache ... trat vor das Weib, daß er das Kind, wenn sie geboren hätte, fräße. – Und sie gebar einen Knaben, der alle Völker mit eisernem Stabe weiden sollte« (wie der Messias es nach Psalm 2.9 tut). »Und das Kind wurde entrückt zu Gott und seinem Thron. Das Weib aber floh in die Wüste . . . Und der Drache verfolgte es und schoß aus seinem Maule einen Wasserstrom, um sie zu ersäufen. Aber die Erde half dem Weibe und tat ihren Mund auf und verschlang den Strom« (Apokalypse 12, 1-6 und 13-16).

Solche und bestimmte andere begleitende Bilder können zum Inhalt der Erleuchtung werden. Sie treten schnell und bewegt auf; dabei müssen sie nicht immer vollständig geschaut werden. Sie sind auch unabhängig davon, ob ihr Empfänger sie aus der Bibel vorher kannte oder nicht.

Das Weib in dieser apokalyptischen Szene nennt die Theologie die Apokalyptische Madonna. Sie ist zugleich ein Bild der Seele auf der hohen Stufe, auf welcher sie sich in der Erleuchtung für einen Augenblick erhält. Dabei wird der Drache vorübergehend bedeckt oder ausgetrieben. Es erscheint in ihr eine sonst verborgene reine Wesensschicht, welche nicht mehr so sehr dem einzelnen Menschen, sondern vielmehr der Menschheit angehört, eine unverletzte Schicht, die himmelsfähig ist, und obgleich leibfreundlich, nicht leibgebunden ist.

Hernach bedient der Drache sich dann eines großen Stromes überschießender niederer Leibeskräfte, um in ihm die reine Seele zu ertränken. Die Apokalypse fügt diesem Bilde aber tröstlich hinzu, die Erde selbst werde der reinen Seele – die man im Alltag nicht zur Verfügung hat, sie weilt vorläufig in der Wüste – zu Hilfe kommen und diese Leibeskräfte verschlucken. – Bis dahin gilt aus den nächsten zehn Reden Gottes das Wort an Kain: »Siehe, die Sünde liegt vor der Tür und hat Verlangen nach dir. Du aber herrsche über sie« (Genesis 4.7).

Die Schau, die sich in altgriechischer Zeit jungen Menschen

dieses Alters in den Mysterien von Eleusis im günstigen Falle erschloß, entsprach den Gesichten, welche der erste Mondknoten auch heute noch auszulösen vermag. Auf dem Höhepunkt jener Weihen in der Nacht zum zehnten Tage rief der Hierophant unter dem großen Feuer: »Die Jungfrau hat einen Knaben geboren, die Starke den Starken.« Diese Göttin Persephone fuhr auf einem Drachenwagen.

*

13. Im Geleit der ersten zehn Gottesworte verlassen wir nun die Paradieses-Erzählung (Genesis 2-3) und treten in das vorausgegangene Sechstagewerk Gottes (Genesis 1) ein. Damit verlassen wir zugleich die sichtbare Welt und kehren zu einer älteren unsichtbaren Stufe der Schöpfung zurück. Wollten wir diesem Weg weiter folgen, würde er ein verborgener oder okkulter werden. Er umfaßt ein Wort von der geistgemäßen Ernährung, ein anderes von dem Geheimnis der großen Zahl und stillschweigend eingeschlossen der Zahlen überhaupt oder der Vielzahl, der Vier, der Drei und als den tiefsten Geheimnissen der Zwei und Eins. Schließlich folgt das Urwort, welches den Menschen ein Bild Gottes nennt.

Den okkulten Weg können wir im Rahmen der Biographik nicht beschreiben. Das Buch Hiob, mit dem ersten Kapitel der Genesis verglichen, würde uns am ehesten dazu verhelfen; Platon, die Kabbala und Fichte in seiner »Anweisung zum seligen Leben« von 1806 würden uns anfänglich die Geheimnisse der Zahlen im Fundament der Welt erschließen. Ein erstes Tor zu solchen Geheimnissen bildet das beschriebene mögliche Gesicht beim ersten Mondknoten. Die Spanne zwischen achtzehn und einundzwanzig Jahren öffnet für viele junge Menschen die Himmelstüre einen Spalt breit. Glücklicherweise fallen in dieser Zeit, gerade bevor der Mensch zu seinem Erdenselbst kommt, viele Entscheidungen zum Beruf. Ist an ihnen ein Strahl des Himmelslichtes beteiligt, dann halten sie fürs Leben. Sollte das Leben ihre Ausführung trotzdem nicht zulassen, dann zieht ein tragischer Zug in dieses ein, ein Ton der Trauer. Solche Trauer aber erhält die Seele dem Himmel auch verwandt; sie bleibt religiös; und von oben her schaut Gott sie an.

*

14. Mit einundzwanzig Jahren verschwindet der weiche Ausdruck in den schönen Rehaugen, die bis dahin oft zu sehen sind; die Augen werden fest, als ob sie ein wenig kristallisierten. Das Elternhaus zu verlassen wird nun dringend.

Das vierte Jahrsiebent bringt dem Menschen die größte natürliche Intelligenz; die Kraft des Denkens ist nun am leichtesten zu wecken. Es ist die Zeit, in welcher der Mensch auch am meisten lernen kann, die ideale Zeit der Wanderjahre. Das Bewußtsein erobert sich die Welt; das Ich bereichert sich geistig und seelisch. Wohl dem, der während der intellektuellen und der empfindenden Welteroberung seine Jugendfrömmigkeit bewahrt; er kann sie als ein reines, überpersönliches Element in alle Bewegungen seiner Seele einflechten. Dem widerspricht keinesfalls Goethes wahres Wort, welches auch Platons Meinung (Staat I.) ausdrückt: »Frömmigkeit ist kein Zweck, sondern ein Mittel, um durch die reinste Gemütsruhe zur höchsten Kultur zu gelangen.« Aber von »zwei Wegen« des religiösen und des geistigen Strebens kann im Sinne einer fruchtbaren Seelenentwicklung keine Rede sein. Die Frömmigkeit, von der Keuschheit eines überpersönlichen Kultus immer wieder angeregt, bleibt lebenslang ein wirksames Mittel der Vergeistigung; andererseits ist harte geistige Arbeit das

Höchste, was ein Mensch auf dieser Erde von sich aus leisten kann. Immer fruchtbar bleibt das Zusammenwirken beider Kräfte in der Seele, unfruchtbar ihre Trennung.

Ein zweites Hemmnis neben der Zwei-Wege-Theorie bauen sich viele junge Menschen auf, wenn sie zwischen ihrem Sachstudium, oder wie ihre Berufsausbildung jeweils heißen mag, und der Aneignung geistiger Begriffe und geistiger Übungen die vorhandene große Spannung fühlen. Sie versuchen, diese Kluft dadurch zu umgehen, daß sie sich zunächst dem Sachstudium hingeben und die geistigen Bemühungen für später planen. – Aber die Seele macht jeden ihrer Wege als ganze und wird als ganze von ihm geprägt. Sie läßt sich von außen her auch nicht in mehrere Abteilungen trennen, ohne daß sie Schaden nähme; selbst dann nicht, wenn man die Abteilungen zeitlich auseinanderlegt. Das geht im Tageslauf, aber nicht im Leben. Nur das Schicksal kann so walten, ohne Schaden anzurichten. Was als ein Wert erahnt oder erkannt wird, darauf müssen sich unmittelbar auch die Sehnsucht und die Mühe richten. Das Heil liegt in der Gleichzeitigkeit beider als gegensätzlich empfundenen Lernweisen unter dauerndem Ringen. Die größere Mühe steigert die Fähigkeiten.

Bei dem möglichen und wünschenswerten Höhenflug der Zwanzigerjahre darf nie vergessen werden, daß noch keine Erfahrung mit den Kräften der Erde und der Menschheit vorliegt. Zuerst wachse und kläre sich das Erkennen; erst später folge das Handeln im Großen aus eigenem Urteil. Denn wieder sagt Goethe in den »Sprüchen in Prosa« wahr: »Im Durchschnitt bestimmt die Erkenntnis des Menschen . . . sein Tun und Lassen; deswegen auch nichts schrecklicher ist, als die Unwissenheit handeln zu sehen.«

*

15. Mit fünfundzwanzig Jahren tritt die erste Reife des Menschen ein. Als Handwerker kann er nun Meister werden, und entsprechend kann er von nun an in beinahe allen Berufen selbständig arbeiten. Ein junger Mann in solcher Lage sollte auch an seine kommende Ehe denken. Das war den jungen Meistern früher binnen eines Jahres vorgeschrieben. Nach altchristlichem Brauche kann ein geeigneter Mann dieses Alters auch Priester werden; das gilt heute auch für Frauen.

Für eine junge Dame ist der Gedanke an die Heirat nun erst recht an der Zeit. Sie sollte die Ehe auf keinen Fall vor dem vollendeten ersten Mondknoten und möglichst nicht vor ihrem einundzwanzigsten Jahre beginnen. Von Nervenärzten werden Frauen über vierzig, wenn sie mit Vorstellungen zu ihnen kommen, daß ihr Ehemann sich ihnen entfremde, mit gutem Grunde zuerst gefragt, wann sie geheiratet haben. Allzuoft taten sie sich mehr als zwanzig Jahre vorher durch eine zu frühe Ehe das Lebensunrecht an, nie richtig zu sich gekommen zu sein. Dem andern vertrauen kann nur, wer in sich selbst sicher ruht. Dazu bedarf es wenigstens der Reifung bis etwa zu einundzwanzig.

*

16. Mit achtundzwanzig Jahren möchte niemand mehr lernen, jedenfalls nicht als Haupttätigkeit; jetzt möchte ein jeder endlich sein Lebenswerk beginnen. Das zu wissen, ist wichtig für die Planung eines Studiums; nach achtundzwanzig wird es mehr und mehr zur Qual.

Der ägyptische Gott Osiris sei, so erzählt Plutarch, im neunundzwanzigsten Lebensjahre getötet worden; seitdem herrsche er über die Toten. Die altägyptischen Einweihungen bildeten den Abschluß der Studien des Führungsnachwuchses. Inhaltlich geleiteten diese Weihen die Seelen ins

Totenreich; im Mystenschlafe folgte jeder Adept seinem Gotte mit gleichem Alter in die Unterwelt. Hernach sandte man die Absolventen zum Außendienst ins Land.
Gautama Buddha in Indien entsagte in diesem Alter der Welt, in der er sonst König geworden wäre. Er wanderte von nun an als Asket umher und schulte sich bei Meistern der Versenkung, bis er erst mit Fünfunddreißig seine ureigene Erleuchtung fand. Er fand sie, im Unterschiede zu anderen behüteten und angeleiteten Adepten, ganz aus sich selbst und auf einer vorher unbekannten hohen Stufe.

*

17. Die Dreißigerjahre bringen die rechte Gelegenheit, die eigene Arbeitsleistung mit der anderer Menschen zu vergleichen. In der Wirtschaft geschieht das heute in der Regel durch die Höhe des Einkommens. Jetzt und erst jetzt ist die Frage des einzelnen an die Allgemeinheit richtig: Was bin ich euch wert? Nun dürfen die Gehälter von Jahr zu Jahr und von Stellung zu Stellung steigen. Gewöhnlich ist dann die Familie auch schon so groß, daß sie das vom Vater wohlverdiente Geld in moralisch wohltätiger Weise verbraucht. Jetzt ist auch ein Familienhaus, besonders für die Kinder, höchst erwünscht.
Zahlt man aber auch denen, die noch in den Zwanzigern stehen, hohe Löhne und Gehälter, dann ruft man dadurch ihren Willen vorzeitig heraus. Geld und Wille und Tätigkeit gehören eng zusammen. Dadurch wird das Empfindungs- und Gedankenleben, welches nur in den Zwanzigern voll geweckt werden kann, behindert. Man verkrüppelt junge Menschen also seelisch durch zu große Löhne. Ein ähnliches Unrecht tun erstaunlicherweise manchmal auch geistig bewußte Menschen, indem sie lernfähige und lernwillige Jungen in den Zwanzigern in eine

volle Berufsarbeit schicken und dabei für ihre weitere Ausbildung auf spätere Möglichkeiten verweisen. Die Altersstufen lassen sich nicht austauschen; sie haben ihre feste Ordnung. In den Zwanzigern entfalten wir vorzüglich Empfindungen, Gedanken und theoretisches Wissen, in den Dreißigern den Willen.

In den Dreißigern ist der Mensch am tiefsten inkarniert; er ist es jetzt mit Recht; später ist er es oft zwar ebenso tief, aber dann nicht mehr zu seinem Heil. Der Dreißiger erobert sich ein Stück der Erde, um auf ihm zu arbeiten und zu leben. – Da aber mischt sich schon ein erster ernster apokalyptischer Ton ins Leben ein, der ihn daran erinnert, er habe hier auf Erden keine bleibende Statt. Die apokalyptische Note läßt sich geschichtlich früh aus den Lebensbildern des Königs Josaphat auffangen und in die drei Worte fassen: Ich, Opfer und Gericht.

Wenn das Ich in den Dreißigerjahren den Willen durchdringt und zu seinem wichtigsten Werkzeug macht, muß es gleichzeitig lernen, willentlich zu opfern. In den Zwanzigern bringen wir ganz gesunderweise durch Schauen, Hören, Empfinden, Wissen und Verstand möglichst viel von der Welt an uns; wir bereichern uns auf seelische Weise; wir genießen die Welt empfangend. In den Dreißigern aber gehen wir zu einer neuen Art des Genusses über, wir finden ihn im Handeln und im Erfassen unserer praktischen Fähigkeiten. Rafft nun aber auch der Wille die Welt dinglich oder in Rechtsdokumenten an sich, dann wirkt zwar Tüchtigkeit, offen bleibt aber die Frage nach deren Güte. Der erwerbende Mensch ist an sich noch nicht gut, er ist manchmal sogar böse.

Besitz entspringt dem Recht, und Recht ist abgegrenzte Macht. Sie ist zunächst moralisch neutral; jedoch ihr Einsatz und oft schon die unwillkürliche Wirkung ihres Daseins stellen den Besitzer immer in die Entscheidung zwischen Gut und Böse. Für jeden Besitzer gilt im Kleinen, was im Großen nach Conrad Ferdinand Meyers Worten der Kalif Harun al Raschid von seinem jüngsten Sohne hörte: »Über ungezählte Lose bist allmächtig du auf Erden – das ist Raub an deinen Brüdern –, und du wirst gerichtet werden.« Dann verschwindet der Sohn in der Menge des Volkes, sich dadurch opfernd und die Daseinsschuld des Herrschers sühnend, der von nun an sein liebstes Kind unerkannt in der Menge weiß, mit den Worten: »Blickst du nieder auf die vielen Unbekannten, die dir dienen, einer segnet dich vom Morgen bis zum Abend unter ihnen.«

*

18. Recht, Besitz und anfängliche Macht spielen in den Dreißigerjahren des Lebens ihre wichtige Rolle. Auf sie stützt sich zunächst das irdische Ichgefühl des Menschen. Die Bildung dieses Selbstgefühles ist unumgänglich. Seine Zertrümmerung, zu welcher der materialistische Sozialismus neigt, kann leicht die Zertrümmerung der Menschenseele selbst einleiten. Ebensowenig aber gereicht die Ausbildung des Ichgefühls allein der Menschheit zu ihrem Heil. Immer muß es sich im Opfer ergänzen und sich unter dem Gerichte Gottes fühlen.

Mahnend stehen vor uns die Altersstufen Dreißig und Dreiunddreißig im Leben Jesu: Mit dreißig Jahren gab Jesus alles Persönliche auf, und das Gottes-Ich in ihm begann sein Wirken; mit dreiunddreißig Jahren gab er sein Leben hin. Von ihm wurden die Stufen Ich, Opfer und Gericht in äußerster Kraft, Kürze und Reinheit erfüllt. Die Menschheit und auch der einzelne haben dazu mehr Zeit. Vor den Menschen von dreißig Jahren stellt sich das Opfer zunächst nur als eine stille Aufforderung; vorerst wird er zu nichts genötigt. Die Nötigung, die Grenze der eigenen

Person zu überschreiten, kommt meist erst sieben Jahre später. Gelingt es aber, das vernünftige und große Opfer etwa mit Dreiunddreißig einzubauen, dann findet das Leben auf eine glückliche Weise seine endgültige Bestimmung. Dann liegt auf ihm ein Schimmer vom Leben Jesu. Die Kraft Christi zieht nun – über die gefühlsgetragene Frömmigkeit weit hinaus – in den Willen des Menschen ein; die positive göttliche Prädestination aus Christi Wesen beginnt die Zeitgestalt des Lebens neu zu prägen; ein Schimmer des ewigen Lebens wird im irdisch-vergänglichen Leben sichtbar. Augustinus (354–430 n. Chr.) gewann bis zu diesem Alter durch Leistung eine Spitzenstellung im römischen Reiche; nach seinem Vollverzicht im dreiunddreißigsten Lebensjahre aber fiel ihm eine Spitzenstellung in der Menschheit zu, die nun schon fünfzehnhundert Jahre dauert.

Wenigstens mit Fünfunddreißig sollte der Christ verstehen, daß sein Leben ihm nicht nur die Gelegenheit für ein eigenes Reich darbietet, sondern daß es zu seiner inneren Fruchtbarkeit, genauer müssen wir wohl sagen, zur seelischen Gesundheit und zur geistigen Fruchtbarkeit, auch des Opfers bedarf. Gewöhnlich kommt ein Angebot – eine Not, die wir sehen, oder wie es auch immer sei – von außen auf uns zu; wir müssen sie dann erkennen und ergreifen.

*

19. Der Zwang zum Verzicht kommt mit dem zweiten Mondknoten, also mit siebenunddreißig Jahren. Der erste Knoten befreite die Seele teilweise von ihrem Leibe; der zweite befreit sie von der menschlichen Umgebung. Diese Befreiung wird gewöhnlich aber als eine Ausstoßung erlebt. – Fichte mußte in diesem Alter Jena verlassen, wo er glücklicher und stärker gewirkt hatte, als es ihm jemals

vorher oder nachher vergönnt war. Goethe war so klug, in diesem kritischen Alter nach Italien auszuweichen. Rückkehrend fand er sich dem alten Freundeskreis entfremdet. Die Reihe der Mondknoten in einem Leben kann ähnliche Erlebnisse wiederholen. So kann die Erleuchtung, die dem ersten eigentümlich ist, in anderer Form beim zweiten wiederkehren oder hier auch zum ersten Male bemerkt werden. Ein schönes Beispiel bietet die Schau von Friedrich des Großen letztem Leibarzt, dem Schweizer Johann Georg Zimmermann, der am 8. 10. 1728 geboren wurde und in der Frühe des 5. 11. 1765 notierte: »Wenn ein Feind von allem Aberglauben, von allen Vorbedeutungen, Ahnungen, Erscheinungen und Träumen sagt, er werde Ihnen die Geschichte eines Traumes mitteilen, eines Traumes, der keine Erfindung ist«, darf »Ihre Aufmerksamkeit rege werden.« – So träumte er: Er wollte »in ein mir unbekanntes Haus gehen. Man sagte mir: . . . in diesem Augenblicke ist Eure längst verstorbene Frau (die, Gott sei Dank, lebt und gesund ist) mit einer ebenfalls vorlängst verstorbenen Person in dieses Haus gegangen . . . (Ich) ging hinein und machte sofort das erste Zimmer auf. Da sah ich meine Frau . . . , aber wie mir deuchte, ganz aus leichten Wolken zusammengesetzt . . . (Ich bat): Erzähle mir vor allem, wie geht es dir in diesem unbekannten Lande der Unsterblichkeit . . . – Ich erfahre Dinge, antwortete sie, die kein Mensch jemals vermutet hätte, ich durchsehe die Vergangenheit in allen ihren Ursachen und Wirkungen; jeder gegenwärtige Augenblick ist für mich ein Meer von Ideen. Nur ist mir die Zukunft noch etwas dunkel . . . Aber überhaupt weiß ich alles, was in den Herzen der Menschen vorging, die ich auf der Welt gekannt habe . . . Ich weiß sogar alles, was du jetzt denkst, wenn du es mir schon nicht sagst . . . – (Ich): Du machst mir klar, was der größte Geist unter den Sterblichen niemals sah . . . Laß es mich aufschreiben . . .

Ich saß nieder zum Schreiben und erwachte plötzlich ... Aber an die großen, neuen, die Zukunft umfassenden Ideen ... konnte ich mich nicht erinnern. Am folgenden Morgen schrieb ich mit dem festen Entschlusse auf, daß ich in dieser Erzählung der Wahrheit so getreu bleiben wolle, als wenn meine Seligkeit daran hinge; und Gott weiß, daß ich es geblieben bin.«

Der zweite Mondknoten mit seiner meist eintretenden sozialen Austreibung kann auch die eigentümliche Gefahr des dritten Mondknotens schon zeigen; diese ist die Austreibung von der Erdenwelt überhaupt, der Tod. Bei Zimmermann deutete sich die Gefahr nur durch die Form seines Gesichtes als ein Totengespräch an. Siebzehn bekannte Dichter und bildende Künstler aber fielen einem fachkundigen Menschen auf Anhieb ein, die im Jahre ihres zweiten Mondknotens starben; die Reihe beginnt mit Raffael, van Gogh und Byron.

*

20. Vierzig Jahre sind das Alter, in welchem solche Ziele, die ein Mensch sich für seine Person im Leben steckt, erreicht sein sollen. Mein Doktorvater sagte dem damals Fünfundzwanzigjährigen: »Spätestens mit Vierzig müssen Sie Professor sein.« Auch die Griechen setzten ja den Gipfel der seelischen Entwicklung, die Akmé, mit vierzig Jahren an. Dieser Gipfel als die frohe Blüte der Fähigkeiten wird heute nur noch unter bewußten Mühen erklommen.

Es scheint ein geistiges, d. h. höheres biographisches Gesetz zu geben, nach welchem große Lehrer der Menschheit erst ab vierzig wirken. Darunter fallen nicht Elia und Jesus, weil bei ihnen die Taten und Leiden die Lehre überwogen. Gautama Buddha lehrte allerdings seit seinem sechsunddreißigsten Lebensjahre. Aber Platon, Paulus, Plotin, Steiner u. a. begannen erst als Vierziger mit ihrer eigentlichen Lehre; Moses brauchte dazu zweimal vierzig Jahre.

In den Vierzigern sieht die Frau, wie ihre Kinder erwachsen werden. Wir machen mit den Kindern seelisch ja noch einmal deren Altersstufen durch und erhalten uns gewöhnlich dadurch unsere seelische Frische. So begleitet die Mutter in ihren Vierzigern mitfühlend das anfänglich selbständige Leben ihrer Kinder und fragt im gesunden Falle nicht, was das Leben ihr selbst wohl noch bringe. Denn vorzüglich jene Leben enthalten für sie das, was es bringt. – Im alten China wurden die Matronen dann in ihren Sippen mächtig.

Der Mann wird fähig, die Arbeiten jüngerer Mitarbeiter aufeinander abzustimmen. Er empfindet Freude, wenn deren Fähigkeiten sich fruchtbar entfalten. Er richtet alles so ein, daß jene das rechte Arbeitsfeld finden. Kurz: er wird fähig, Chef zu sein.

Die Vierzigerjahre lassen aber auch die Versuchungen wachsen. Von den drei unwiderstehlichen Gewalten, Sex, Gold und Macht, gewinnt die letzte nun entschieden an Geschmack. Goethe läßt seinen Faust der Reihe nach mit den drei Gewalten leben, erst im hohen Alter verfiel Faust der Macht mit ihrer Dienerin, der Gewalt, als er dem schlechten Kaiser zum Siege verhalf, als er in der Sucht nach Boden und Gold Philemon und Baucis, die Alten mit dem Kirchlein auf der Düne, schnell beseitigen ließ und als ihm, dem neugebackenen Fürsten der neugewonnenen Marschen des Meeres, die Seeräuberei genehm wurde. Er hatte bis etwa zu seinem fünfunddreißigsten Lebensjahre als Gelehrter sich die geistigen Güter der Menschheit angeeignet, wie andere es im kleinen Ausmaß in ihren Zwanzigern tun. Dann kam die irdische Liebe mit Gretchen verspätet zu ihm. Deren seelische Überhöhung als Eros fand er bei Helena, ihre Verwandlung in eine geistig erlösende

Kraft erst nach dem Tode. Besitz und Macht, um welche andere Menschen in ihren Dreißiger- und Vierzigerjahren ringen, erreichten Faust erst im Alter. – Gold oder Geld und Macht haben für alle, nicht nur für Faust, den diabolischen Vorteil, bis zum Tode ihren Reiz nicht zu verlieren. Viele Männer aber teilen die drei unwiderstehlichen Gewalten der Reihe nach den Zwanziger-, Dreißiger- und Vierzigerjahren zu: Menschen des äußeren Erfolges erkennen bald die Macht als die größte unter ihnen. Sie fordert Kämpfe.

Der Mensch kann mit sich selbst ringen, »stärker sein als man selbst«, sagt Platon; wir können die niederen Neigungen bezwingen und sie dadurch in höhere Kräfte verwandeln. Dieser Kampf wird nicht auf einmal und meist auch nicht ein für alle Male gewonnen. Dementsprechend entläßt die Natur den Menschen nur stufenweise aus dem Schutze, den sie über ihn durch instinktive Hemmungen gelegt hat. Eine wohltätige Fessel liegt z. B. in der leichten gegenseitigen Abneigung unter Knaben und Mädchen in den ersten Jahren ihrer Pubertät; eine andere liegt im Haß der Jugend gegen die Gewalt als solche. Nur stufenweise wird der Mensch enthemmt. Führt er seinen Kampf gegen diese Gewalten aber nur schlecht, dann steigern sie sich im Laufe der Vierzigerjahre auf ein lebenfeindliches Maß.

In Goethes »Faust« sagt die erdverwandte Seherin Erichtho auf dem alten Schlachtfeld, wo Cäsar und Pompejus wie Halbgötter um den Erdkreis rangen: »Wie oft schon wiederholt sich's! . . . Keiner gönnt das Reich dem andern; dem gönnt's keiner, der's mit Kraft erwarb und kräftig herrscht. Denn jeder, der sein innres Selbst nicht zu regieren weiß, regierte gar zu gern des Nachbars Willen, eignem stolzen Sinn gemäß.« – Damals, am 9. 8. 48 v. Chr., als Pompejus bei Pharsalos in Thessalien das Reich und bald darauf sein Leben verlor, war er achtundfünfzig Jahre alt.

*

21. Caesar (100–44 v. Chr.) ist für uns der wichtigere, weil sein Leben nach der Regel verlief. Zwischen neunzehn und einundzwanzig Jahren empfing er seine Ausbildung als Offizier. Zwischen vierundzwanzig und siebenundzwanzig Jahren studierte er auf Rhodos wohl bei dem großen Philosophen und Geschichtsschreiber Poseidonios (135–51 v. Chr.). Die Dreißigerjahre widmete er mit wechselndem Erfolg dem Streben nach dem ersten Platz in Rom, wobei die Siebenunddreißig ihm durch seine verdeckte Beteiligung an der Staatsverschwörung Catilinas sehr gefährlich wurde. In dem Jahrsiebent zwischen zweiundvierzig und neunundvierzig eroberte er Gallien, praktisch sich zum Eigentum. Mit einundfünfzig ging er über den Rubico und unterwarf sich in jährlichen Feldzügen alle Provinzen des Römerreiches. Gleichzeitig förderte er das innere Leben des Reiches durch eine weitsichtig-freiheitliche Gesetzgebung. Mit sechsundfünfzig Jahren fiel er unter den Dolchen seiner Mörder im Senat, als er bereitstand, in Rom nach der Königskrone zu greifen und gleich seinem Vorbild Alexander den Krieg gegen die Parther oder Perser zu eröffnen.

Wie die Regel es will, galten die Zwanzigerjahre der geistigen Ausbildung, die Dreißiger dem tätigen Mitwirken in der bestehenden Gesellschaft, die Vierziger der Gründung des eigenen Reiches, und die Fünfziger fanden nur im Wirken des Gesetzgebers einen eigenen Sinn, sonst führten sie das Tun der Vierziger nur ins Unermessene; und eben darüber scheint Caesar gestürzt zu sein.

Hier mag der Vergleich mit Lebensläufen gegen die Regel lohnen: Alexander (356–323 v. Chr.) kam mit zwanzig

Jahren zur Herrschaft im kleinen Makedonien und starb mit dreiunddreißig zu Babylon nach einem zwölfjährigen Feldzug als der Herr der halben Welt. – Die Zwanziger, die andere zur ideellen Eroberung der Welt benutzen, zwangen ihn sofort zu Taten, die so groß und genial ausfielen, wie sie sonst in unserer Menschen- und Stoffeswelt kaum gelingen. Eine Metamorphose dieser Lebensweise in die Dreißigerjahre usw., die sonst solcher Arbeit vorbehalten sind, scheint unmöglich gewesen zu sein. Alexanders früher Tod war unter dem Gesichtspunkt der menschlichen Zeitgestalt wohl unvermeidlich.

*

22. Octavianus Augustus (63 v. Chr.–14 n. Chr.) trat nach Caesars Tode mit neunzehn Jahren den Kampf um dessen Erbe und damit um die Herrschaft über Rom an. Mit dreiunddreißig Jahren entschied er diesen Kampf durch den Seesieg bei Actium über Marc Anton und durch seinen Einzug in das ägyptische Alexandria, am 1. 8. 30 v. Chr., endgültig für sich. Den langen Krieg seiner Zwanzigerjahre führte er aber nicht wie Alexander als ein Umgestalter der Welt, sondern als Caesars Testamentsvollstrecker, der nur das tat, was viele vor ihm als Notwendigkeit erkannt und ersehnt hatten. Und hernach ließ er möglichst viele Vollzüge im Staat von anderen im Sinne der alten, republikanischen Ämterlaufbahn erledigen. Dabei wurde der anfangs kränkliche Kaiser siebenundsiebzig Jahre alt: eine geglückte Zeitgestalt.

*

23. Ein regelwidriges Beispiel für eine große Leistung in den mittleren Lebensjahren bietet Johann Gottlieb Fichte (1762–1814) dar. Er war immer Philosoph. In seinen

Zwanzigerjahren hing er dem System Spinozas an; dieser nahm seinen Verstand in Anspruch, dem noch verborgenen Geiste Fichtes aber entsprach er nicht; er brachte sein Blut nicht zur Wallung. So blieb Fichtes inneres und äußeres Fortkommen in dieser Zeit auch kümmerlich. Erst mit neunundzwanzig Jahren fand er durch Kants Gedanken seine Befreiung. Er wuchs schon bald über ihn hinaus und wurde ein Denker eigenster Prägung. Während die Menschen sonst in den Dreißigerjahren ihre tätige Bewährung suchen, entfaltete Fichte nun zwar auch den Willen; aber er sandte ihn statt in äußere Werke, in neue Ideen von allergrößter Bedeutung. Er griff und begriff das Dasein von einem neuen tragenden Punkte her, den er mit dem überpersönlich gemeinten Wort »das Ich« bezeichnete. Niemals vorher hatte die Menschheit erlebt, daß Gedanken von einem so reinen und so gewaltigen Willen getragen wurden. Dieser Erscheinung half wohl der Kunstgriff des Schicksals nach, den Denker erst am Anfang seiner Dreißigerjahre zu erwecken.

Das größte Beispiel eines vollen und vollgelungenen Lebens gemäß der Regel bieten die dreiundachtzig Jahre Goethes (1749–1832) dar. Dieses Leben allein kann als Richtschnur einer neuen Biographik dienen. Dazu bedürfte es aber eines ganzen Buches; und wir sind den kürzeren biblischen Weg gegangen.

*

24. Indem wir uns nun zu den Vierzigerjahren zurückwenden, kehren wir auch zum Leben des großen Gajus Julius Caesar zurück, der in diesem Alter die ihm eigene Form und das ihm eigene Werk fand. – Es läßt sich nicht verheimlichen, der Mars regiert das Leben in den Vierzigern. In der Regel führen sie die Menschen zu der Macht, die ihnen beschieden ist. Der Mars möchte dann aber auch

durch Verzichte um der Weisheit und um der Menschenliebe willen überwunden werden. Wenn das gelingt, schenkt er uns die Kraft, durch das Wort im Guten auf viele Menschen einzuwirken. Das Wort wirkt mächtig und im Guten, wenn Verzichte in ihm verborgen liegen.

Was soll der Sternenname Mars in der Biographik? Unbewußt gilt für jeden Menschen stufenweise nacheinander von der Geburt bis ins Alter, was Goethe die Heilige bewußt erleben läßt, welcher sein Wilhelm Meister als siebenter und letzter Frau begegnen durfte: »Makarie befindet sich zu unserem Sonnensystem in einem Verhältnis, welches man auszusprechen kaum wagen darf. Im Geiste, der Seele, der Einbildungskraft hegt sie, schaut sie es nicht nur, sondern sie macht gleichsam einen Teil desselben; sie sieht sich in jenen himmlischen Kreisen mit fortgezogen, aber auf eine ganz eigene Art; sie wandelt seit ihrer Kindheit um die Sonne, und zwar, wie nun entdeckt ist, in einer Spirale, sich immer mehr vom Mittelpunkt entfernend und nach den äußeren Regionen hinkreisend.«

In ihrem Alter ließ sich aus ihren Angaben schließen, »daß sie, längst über die Bahn des Mars hinaus, der Bahn des Jupiter sich nähere ... (Später) wurde geschlossen, daß sie ihn von der Seite sehe und wirklich im Begriff sei, über dessen Bahn hinauszuschreiten und in dem unendlichen Raum dem Saturn entgegen zu streben. Dorthin folgt ihr keine Einbildungskraft; aber wir hoffen, daß eine solche Entelechie sich (mit ihrem Tode) nicht ganz aus unserem Sonnensystem entfernen, sondern, wenn sie an die Grenze desselben gelangt ist, sich wieder zurücksehnen werde, um zugunsten unserer Urenkel in das irdische Leben und Wohltun wieder einzuwirken.«

*

25. Mit sieben mal sieben Jahren verlassen die leiblich schöpferischen Lebenskräfte die Frau. – »Der Mann von fünfzig Jahren«, wie Goethe eine dieses Alter kennzeichnende Novelle nannte, stürzt sich gern noch einmal in die gegenteilige Vorstellung. In der Tat erwacht bei den noch allzu jungen Mädchen ab siebzehn leicht eine Neigung zu Männern von fünfzig Jahren, welches Alter aber nicht das der möglichen künftigen Bräutigame, sondern das ihrer Väter ist und es auch bleiben sollte. Die nächste menschliche Umgebung ist zum stillschweigenden Schutze dieser Mädchen aufgerufen; es liegt kein Heil in solcher ungleichen Verbindung. – In Wahrheit erübt der Mann in seinen Fünfzigern, was die Frau von selbst tut. Diese Regel zeigt das Leben weithin: Der Mann erübt, was die Frau aus ihrer Natur tut.

Mit fünfzig – ursprünglich wohl mit sechzig – Jahren wurden im älteren Rom Feldherren und andere Männer, die bis dahin im höchsten Dienst des Staates gestanden hatten, senatsreif. Ihr meist sehr tatkräftiges Leben war als solches nun abgeschlossen; für sie persönlich waren Geld, Macht und Ehre nun nicht weiter mehr zu erlangen; aber der überpersönliche Weitblick reifte sie zu einem neuen Dienst, ein Weitblick und eine Würde, die den Senat zu einer Versammlung machten, die aus Königen zu bestehen schien. Jupiter regierte nun die Seelen. – Auch heute und auch in viel geringeren Dingen ist es ratsam, etwa Vermögen, die zum Wohle vieler, aber ohne außerordentliche Unternehmung verwaltet werden sollen, Menschen über fünfzig Jahren anzuvertrauen.

*

26. Wer in alten Kirchenbüchern nach der Generation unserer Urgroßväter und nach noch früheren sucht, entdeckt

den ehedem weitverbreiteten Brauch, daß die Männer mit sechsundfünfzig Jahren starben. Natürlich gab es auch andere Fälle, aber so weit ich sah, war es ein recht häufiger Brauch, daß ein ordentlicher Mann, der das Leben kräftig von außen, so wie es für ihn nun einmal war, genommen hatte, der es aber nicht gerade auffällig durch seelische Anstrengungen von innen her bewältigt hatte, mit Sechsundfünfzig die fällige Lungenentzündung bekam und daran starb. Dann war nicht nur das achte Jahrsiebent vorbei, sondern inzwischen war mit fünfundfünfzig Jahren, neun Monaten und zwölf Tagen auch der dritte Mondknoten ins Feld gegangen. – Goethe verlor kurz vor seinem dritten Knoten seinen Dichterfreund Schiller und stand selbst in einer Gesundheitskrise. – Auch in unserer Zeit, in welcher die Männer erwarten, länger zu leben, liegen hier Krisenjahre. Es häufen sich die tödlichen Herzinfarkte. Im übrigen zeigt sich wieder die Regel, daß wir in jedem Jahrsiebt etwas Besonderes zu lernen haben, und wenn dies nach fünf, spätestens nach sieben Jahren nicht gelungen ist, dann neigt das Leben zum Abbruch. Mit Vollkommenheiten wird dabei nicht gerechnet; aber sieben Jahre hat man zum Lernen Zeit und nicht länger. Der Übergang in die Fünfzigerjahre wird vitalen und besonders tätigen Menschen meistens schwer.

Die Kabbala, die uns heute Friedrich Weinreb aufschließt, bezieht in diese Krise noch zwei weitere Jahre ein, indem sie von der Achtundfünfzig als der Zahl spricht, bis zu welcher das Leibliche vorzudringen vermöge; diese Zahl sei der absolute Wert unseres Lebens; unter ihrem Zeichen werde einst beim messianischen Mahl der Endzeit der Leviathan oder die Welt des irdischen Leibes aufgezehrt.

Dann hebt die Saturnzeit unseres Lebens an, wo Gericht gehalten wird. Wohl dem, der das Gericht lieben kann, weil er dessen Maße durch ein lebenslanges redliches Stre-

ben in sein Wesen aufnahm. Dann nimmt der Saturn ihm nichts, was er nicht fahren lassen dürfte. Vielmehr gewinnt das Leben nun an Wahrheit und Tiefgang. Glücklich ist, wer in diesem Alter noch ein freies Werk tun darf; sein Wert für viele Menschen und auf längere Zeit ist wahrscheinlich. Der Saturn leitet den, der ihn bejaht, zu seinem verborgenen geistigen Wesen hin.
Die unversöhnte Natur dieses Gestirns aber trägt jener alte Harfner in der Seele, den Goethe im »Wilhelm Meister« zusammen mit der kindlich-jugendlichen Mignon zeichnete. Der Harfner singt:

»Wer nie sein Brot mit Tränen aß,
Wer nie die kummervollen Nächte
Auf seinem Bette weinend saß,
Der kennt euch nicht, ihr himmlischen Mächte.

Ihr führt ins Leben uns hinein,
Ihr laßt den Armen schuldig werden,
Dann überlaßt ihr ihn der Pein;
Denn alle Schuld rächt sich auf Erden.«

*

27. Das weitere Leben gestaltet sich gemäß der Anschauung Goethes, nach welcher wir in der Kindheit Realisten sind, in der Jugend Idealisten, in der Mitte des Lebens Skeptiker und im Alter Mystiker werden.
Mangels eigener Erfahrung entlehne ich von nun an die Beschreibung bei einem reifen Freunde von über achtzig Jahren. Er sagte mir zunächst etwa das Folgende: Was allzu viele Männer beim Eintritt in ihre Pension mit fünfundsechzig Jahren erleben, ist allgemein bekannt; wer bis dahin an dem Maße und der alten Art seiner Arbeit festgehalten hat, wer auch ihre Stimmung nicht verändern

konnte, muß über diese Schwelle stolpern; er stolpert sehr leicht in den Tod.
Fand er aber eine Umwandlung wenigstens zu Anfang seiner Sechziger und eine neue tätige Freude, dann kommt er zwar über die Schwelle der Dreiundsechzig bis Fünfundsechzig, er findet aber in der Siebzig unter Umständen eine noch schwierigere Stufe. Das bemerkt ein Pfarrer wohl darum besonders heftig, weil er am ehesten auch dann noch seine alte Arbeit tun darf. Vielleicht ist er darum auf die Siebzig weniger gut vorbereitet als erfolgreiche Absolventen der vorigen Prüfung. Da konnte ich das Folgende beobachten:
»Über Siebzig und noch entschiedener über Zweiundsiebzig durfte ich nicht mehr tun, was ich mir seit langem vorgenommen hatte; ich konnte mich nicht mehr an einen Plan halten, wie ich es früher tat. Wenn ich das im höheren Alter jetzt noch weiter versuche, falle ich entweder vom Fahrrad« – dieser Freund lebt in Holland –, »oder es passiert mir etwas Ähnliches. Ich steige dann eben mit dem falschen Bein aus dem Bette. Vielmehr muß ich nun an jedem Tage neu aufmerken und am Morgen hinhören, was gerade heute wohl zu geschehen habe. Erfahre ich solches, dann gelingt das meist ganz gut, sofern ich es sofort ergreife. Arbeitspläne über Wochen hin oder gar wie früher über Jahre hin kann es nun für mich nicht mehr geben. Ich lebe also nicht in Gnadenjahren, wie man diese Lebenszeit wohl nennt, sondern ich lebe nur in Gnadentagen. Ich könnte sagen, meine Kladde, mein Lebensheft ist vollgeschrieben. Es steht nun alles so darin, wie es eben dasteht; es gibt keine Korrektur mehr. Aber lose Nachtragblätter werden mir gewährt; und die sind, recht beschrieben, auch erfreulich. Ich fühle, sie werden meinem Leben zugezählt, geistig zugezählt.«

III.

Verehrte, liebe Freunde!

1. Im ersten dieser Vorträge bemerkten wir, daß die Griechen die Raumgestalt des Menschen schätzten, daß Israels besonderes Verständnis aber der Zeitgestalt galt, zuerst wohl der Volksgeschichte, dann dem mythisch erfaßten Anfang und dem Ende der ganzen jetzigen Menschheit. Das letztere verdeutlichen der Beginn der Genesis und nicht weniger die apokalyptischen Bücher aus den Jahrhunderten um Christi Geburt. Aber erst die Christenheit errang das Verständnis der Zeitgestalt des einzelnen Menschen.

Paulus sprach vor den Griechen in seiner Rede auf dem Areopag von Athen zuerst über die gemeinsame Raumgestalt der Menschheit, dann von ihrer Zeitgestalt, indem er das Endgericht erwähnte, und schließlich von der Erneuerung des Ebenbildes Gottes durch die Auferstehung Jesu. Lukas läßt Paulus in der Apostelgeschichte 17.23-34 wie folgt beginnen: »Ich bin durch (eure Stadt) gegangen ... und fand einen Altar, auf dem geschrieben war: Dem unbekannten Gotte. Ich verkündige euch diesen: Gott, der die Welt gemacht hat, der Herr des Himmels und der Erde, ... hat auch gemacht, daß die Geschlechter aller Menschen von einem Blute sind ..., wie auch einige Dichter bei euch sagten: Wir sind Seines Geschlechtes ... – Nun aber hat Gott einen Tag gesetzt, an welchem er den Erdkreis richten will mit Gerechtigkeit durch einen Mann ..., nachdem er diesen von den Toten auferweckte.« – Lukas schließt die Rede: »So ging Paulus von ihnen. Einige Männer aber hingen ihm an und glaubten; unter ihnen war Dionysios, einer vom Rate (auf dem Areopag).«

Für Paulus steht und fällt das Christentum mit der Auferstehung Jesu (1. Korinther 15). Ihr Verständnis knüpft er an die Schöpfung und den Sündenfall. Daß dies schriftgemäß ist, zeigt sich schnell an den Variationen des ersten Wortes über den Menschen. Die Gottheit hatte gesprochen: »Lasset uns Menschen machen, ein Bild, das uns gleich sei« (Genesis 1.26). Dann hörte das Weib das Wort über die Gottebenbildlichkeit von der Erde her aus dem Munde der Schlange: »Sollte Gott gesagt haben, daß ihr von all den Bäumen im Garten nicht essen dürft? . . . Gott weiß, an welchem Tage ihr davon esset, werden eure Augen aufgetan, und ihr werdet sein wie Gott und wissen, was Gut und Böse ist« (Genesis 3.1-5).

Im Hinblick auf diese beiden Szenen schreibt Paulus im Philipperbrief 2.5-10: »Ein jeder sei gesinnt, wie Jesus Christus auch war: Er wollte, obgleich er von göttlicher Gestalt war, es nicht wie einen Raub für sich haben, Gott gleich zu sein, sondern er entäußerte sich selbst und nahm Knechtsgestalt an; er wurde wie ein anderer Mensch und an Gebärden als ein Mensch erfunden. Er erniedrigte sich selbst und war gehorsam bis zum Tode, ja zum Tode am Kreuz. Darum hat Gott ihn erhöht und hat ihm einen Namen gegeben, der über allen Namen ist, daß vor dem Namen Jesu sich beugen sollen die Knie aller derer, die im Himmel, auf Erden und unter der Erde sind.« – So schreibt Paulus auch im Kolosserbrief: »Sagt Gott dem Vater Dank, der uns errettet hat vor den Obrigkeiten der Finsternis und versetzt hat in das Reich seines geliebten Sohnes. Dieser ist das Ebenbild des unsichtbaren Gottes, der Erstgeborene vor aller Kreatur. Denn durch ihn ist alles geschaffen, was im Himmel und auf Erden ist, das Sichtbare und das Unsichtbare, es seien nun Throne oder Herrschaften, Fürstentümer oder Obrigkeiten; es ist alles durch ihn und zu ihm hin geschaffen. Er ist auch das Haupt des Leibes, welcher die Gemeinde ist. Denn er ist nicht nur von Anfang her geboren, sondern nun auch von den Toten her der Erstgeborene; er hat in jeder Hinsicht den Vorrang« (Kolosser 1.12-18).

Die Auferstehung ist an Jesus Christus geschehen und für die Welt dadurch zu einer Tatsache geworden. Weil sie aber zunächst allein dasteht, kann die Welt sie nicht verstehen; denn verstehen und denken heißt vergleichen. Die Auferstehung Jesu ist aber unvergleichlich, es sei denn, man stelle sie neben die Schöpfung des Menschen, wie die Bibel sie beschreibt. Das tut Paulus im ersten Brief an die Korinther 15.21-22.

Für uns Menschen ist die Auferstehung ein Ziel, und zusammen mit der Bildung einer neuen Welt, welche die Apokalypse das Neue Jerusalem nennt, ist sie das letzte Ziel. Schon der einfachste Lebenslauf ist mit abhängig von den jeweiligen Zielen, welche ein Mensch in seiner Seele trägt; wieviel mehr kann das letzte Ziel der Menschheit unser Leben prägen.

Paulus verbindet die Auferstehung, wie wir schon aus den wenigen angeführten Stellen ersehen, mit einer Fülle hierarchischer Engelwesen. Auch bei der Schöpfung sprach die Gottheit mit ihrem ersten Wort über den Menschen (Genesis 1.26) in der Vielzahl, d. h. im Kreise hoher geistiger Wesenheiten. Die Auferstehung Jesu ist erst recht mit den himmlischen Hierarchien verbunden.

Die paulinische Engellehre ist nicht einfach, und für die heutige Menschheit ist sie ungewohnt. Läßt man sich trotzdem auf sie ein, stellt sich sogleich ein noch größeres Hindernis entgegen, ein Hindernis dergestalt, daß Paulus nicht nur mit guten Engeln der verschiedenen Ordnungen rechnet, sondern auch mit bösen Mächten innerhalb der Hierarchien. Eine Stelle des Epheserbriefes zeige das stellvertretend für viele andere; Paulus schreibt: »Ziehet die

Waffenrüstung Gottes an, damit ihr gegen die Anläufe des Teufels bestehen könnt. Denn uns steht ein Kampf bevor nicht gegen Blut und Fleisch, sondern gegen Fürstentümer (archaí) und Gewalten (exusíai), gegen die Weltbeherrscher der Finsternis, die in der gegenwärtigen Welt (wirken), gegen die bösen Geistesmächte unter dem Himmel« (Epheser, 6.11-12).

Das 18. Jahrhundert hat im Bewußtsein der Europäer den Teufel und die bösen Mächte ausgelöscht und das 19. Jahrhundert folgerichtig dann auch die guten Engel. Ringen wir heute aber wieder um ein geistiges und christliches Weltbild, müssen wir notgedrungen auch wieder lernen, mit allen Geistwesen, von welchen die Bibel spricht, zu rechnen, mit den guten und auch mit den bösen.

So wie die zehn ersten Worte Gottes über den Menschen gemäß der Genesis – neun sind zunächst wesentlich und das zehnte faßt sie zusammen – uns im ersten dieser Vorträge zur Richtschnur dienten, so werden die neun Engelreiche uns heute zu einer zweiten Richtschnur werden. Zu einer zehnten Ordnung unter jenen wird das Reich der Menschen einmal bestimmt sein. Die Hierarchien werden dann so sprechen, wie Gott am Ende der Schöpfung tat: »Der Mensch ist geworden wie unsereiner ...« (Genesis 3.22).

Wir stellen die Biographik also zugleich ins Licht der Schöpfung und ins Licht der Auferstehung oder der Hierarchienlehre, die nach Paulus eng mit ihr zusammenhängt. Dem Ursprung und dem Ziel des Menschen entnehmen wir den Maßstab für sein Leben.

*

2. Ein Gesamtbild der Engelreiche gibt das Alte Testament zuerst durch Jakobs Traum zu Bethel: »Ihm träumte, und

siehe: Eine Leiter stand auf der Erde, die rührte mit der Spitze an den Himmel. Und siehe: Die Engel Gottes stiegen daran auf und nieder. Und der Herr trat oben hin und sprach: Ich bin der Herr, der Gott Abrahams, deines Ahn, und Isaaks; das Land, auf dem du liegst, will ich dir und deinem Samen geben . . ., und ich will dich behüten und wieder herbringen . . .« (Genesis 28.12-15).

Das größte biblische Bild der Hierarchien erschien Jesaja im Tempel zu Jerusalem anläßlich seiner Berufung zum Propheten: »Im Jahre, als König Usia starb, sah ich den Herrn sitzen auf einem hohen und erhabenen Stuhle; und der Saum (seines Kleides) füllte den Tempel. Seraphim standen über ihm; ein jeder hatte sechs Flügel; mit zweien deckten sie ihr Antlitz, mit zweien deckten sie (Leib und) Füße, und mit zweien flogen sie. Und einer rief dem andern zu: Heilig, heilig, heilig ist der Herr der (himmlischen) Hierarchien; alle Lande sind voll seines Offenbarungslichtes. – Da erbebten die Überschwellen von der Stimme ihres Rufes, und das Haus war voll Rauch. Da sprach ich: Weh mir, ich vergehe! Denn ich bin unreiner Lippen . . . und ich habe den König, den Herrn der Heerscharen gesehen . . .« (Jesaja 6).

Den ersten Namen einer dieser heiligen Ordnungen hören wir schon im Zusammenhang mit Adam: »Da wies Gott, der Herr, ihn aus dem Garten Eden, daß er den Acker (adamā) bebaue, von dem er genommen war. Und Er trieb Adam aus und lagerte vor den Garten Eden die Cherubim mit dem bloßen, schwingenden Schwerte . . .« (Genesis 3.23-24). – Der häufigste Name eines Engels im Alten Testament ist »Der Engel des Herrn«; das Buch Daniel spricht auch von Gabriel und Michael. Ähnlich halten es die Evangelisten in den Geburts- und in den Auferstehungsberichten, auch bei der Versuchung Jesu und nach Lukas auch in Gethsemane. Jesus selbst spricht von

den »heiligen Engeln« in den Gleichnissen, die von der Endzeit reden, und beinahe immer, wo er die Wiederkunft des Menschensohnes erwähnt, so bei Matthäus 16.27 und an vielen anderen Stellen. Von der Vielfalt der Engelchöre und von ihren Namen aber lesen wir erst in den Briefen des Apostels Paulus. Er gibt jedoch keine zusammenhängende Lehre von ihnen; es sind jeweils nur Bruchstücke einer solchen, Stücke allerdings, die in ihrer Großartigkeit ihresgleichen suchen.
Die Tempelschau Jesajas wurde schon in früher Zeit dem Gottesdienst der Christen zwischen Opferung und Wandlung eingefügt; darin wurden auch die Namen der Engelordnungen genannt. Die Menschenweihehandlung kennt diese Anrufung in der Weihnachtszeit.

*

Die Ordnungen der Engel finden wir zum ersten Male zusammenfassend dargestellt in Schriften, die um fünfhundert nach Christus geschrieben sein müssen, als ihren Urheber aber Dionysius angeben, den Paulus durch seine Rede auf dem Areopag in Athen zu seinem Schüler gewann (Acta 17.23). Wir erwähnten diesen Dionysius Areopagita schon. Um die Mitte des 9. Jahrhunderts übersetzte Johannes Scotus Erigena in Paris diese Schriften ins Lateinische, und von da an hatten sie nächst den Evangelien den größten Einfluß auf die mittelalterliche Theologie und Mystik. Diese Schriften, die sich an Paulus' Hierarchienlehre halten, sind im übrigen vom Geiste Platons und seiner späten Schüler Plotin und Proklos durchdrungen. Die Platoniker begriffen das Böse nur als Schwäche und als Abwesenheit des Guten, welches Gute allein das Sein begründet. Sie übersahen, daß im Dasein, also im Besonderen, sich ein böses Wesen auch eine widergöttliche

Gestalt geben kann und mit ihr unter Umständen mächtig auf andere Wesen einwirkt. Dieser Dionysius Areopagita nimmt als Platoniker im Unterschied zu Paulus kein Interesse an den bösen Mächten. Er verliert dadurch aus seiner Lehre das dramatische Leben; bei ihm werden die höheren Hierarchien auch zu bloßen Steigerungen der unteren. Im übrigen entsteht beim Lesen seiner Schriften beinahe der Eindruck, daß die neunfache Zählung der Engelordnungen eine Vereinfachung der vielfältigen Bilder in Paulus' Briefen darstellt.

Wir werden uns trotzdem an die neunfache Zählung als einer überschaubaren und schon darum geeigneten Ordnung halten, ihr aber etwas von dem alten Leben zurückgeben, das sie bei Paulus besaß und noch viel mehr für uns durch die mannigfaltigen Schilderungen Rudolf Steiners gewinnt. Die bisherige Theologie des 20. Jahrhunderts hat die Hierarchienlehre verloren. Heute ist es für jeden, der eine lebendige Engellehre zurückgewinnen möchte, unumgänglich, sich auf Paulus, Dionysius Areopagita und Steiner als die Quellen zu beziehen. Sehr viel zu zitieren, würde hier aber zu langatmig werden. Darum sollten Sie als freundliche Hörer recht hell im Bewußtsein halten, daß der Sprecher aus erlerntem Wissen redet und nicht etwa aus eigener Schau. Er reinigt sich hiermit im voraus von dem Verdacht der Anmaßung, welchem Theologen infolge ihres hohen Gegenstandes schnell ausgesetzt sind. Wir hören eine kurze christliche Engellehre. Sobald unser Blick dann wieder zur Erde geht, halten wir uns an das, was wir auf Erden erfahren können.

Die Namen der himmlischen Ordnungen sind nach Dionysius: ángeloi, archángeloi, archaí, exusíai, dynámeis, kyriótetes, thrónoi, Cherubim und Seraphim. Sieben der Namen sind griechisch und die beiden letzten hebräisch; wir nannten sie im Plural. Sie heißen deutsch: Boten, Erzboten,

Anfänge oder Ursprünge, Mächte, Beweger, Herrschaften und Throne; die hebräischen Namen übernahm die Christenheit, ohne sie nach ihrem Wortinhalte zu befragen. Luther bezeichnete die Hierarchien als Engel, Erzengel, Fürstentümer, Obrigkeiten – diese manchmal auch als Mächte –, Gewalten, Herrschaften usw. Die Menschenweihehandlung nennt sie in der großen weihnachtlichen Anrufung des Vaters, welche ihre Form Jesajas Tempelschau entlieh: Engel, Erzengel, Urkräfte, Offenbarer, Weltkräfte, Weltenlenker usw. Diese Namen prägte Steiner. In Vorträgen bezeichnete er sie in vielerlei Weisen, besonders charakteristisch die archaí als Zeitgeister und als Geister der Persönlichkeit, die exusíai als Geister der Form, die dynámeis als die der Bewegung, die kyriótetes als die der Weisheit, die Throne als Geister des Willens, die Cherubim als solche der Harmonie und die Seraphim als Geister der Liebe.

*

3. Die Seraphim halten mit ihrer Kraft den geistigen Kosmos zusammen und damit auch den physischen. Ihr Wesen ist Geistesfeuer; sie leben in vollkommener Hingabe an die dreifaltige Gottheit über ihnen. – Die Cherubim ordnen das All mit erstrahlender Weisheit. – Die Throne strömen Mut und Willen in das Nichts des Raumes aus, welchen sie erst dadurch bilden. Auch die Zeit entsteht durch ihre immerwährende Tat. Indem sie immerfort ihr Sein in die Welt opfern, wird und besteht unser Sonnensystem.
Die Kyriótetes oder Weltenlenker sind erfüllt von Bewunderung für das Opfer der Throne. Dieser schauenden Bewunderung gemäß ordnen sie die von den Thronen ausgegangene Substanz zu dem System der Sonne und Planeten. Sie selbst können kein Dasein schaffen, wohl aber darin das Leben erwecken. Für die Wesen unter ihnen

senden sie ein geistiges Licht aus, in welchem Wahr, Weise und Gut noch ungeschieden sind. Sie stehen noch ganz über der Möglichkeit des Bösen. Platon konnte etwas von ihrem Wesen in seinen höchsten Ideen widerspiegeln.

Die Dynámeis oder Weltenkräfte regeln den Umlauf der Planeten und auch alle nachgeordneten Bewegungen. Ihr Inneres kennzeichnet eine fruchtbare Resignation oder Ergebung in das Weltenschicksal. In den Seelen der Menschen wird ihr Wirken heute immer wichtiger, woran die Menschen sich aber selbst beteiligen müssen. Davon wird hernach zu reden sein.

Von den Dynámeis abwärts muß auch von solchen Wirkungen aus den Reichen der Engelordnungen die Rede sein, vor denen es des Starkmutes schon im Vorstellen bedarf; sonst bleiben wir mit Dionysius in jener neuplatonischen Weise stecken, die nur Licht in Licht malte und dabei den Willen, die erkraftende Auseinandersetzung unter Geistwesen, kurz das Gewicht des Gegensatzes von Gut und Böse aus dem Blick verlor. Dionysius scheint nur noch solche Engel zu kennen, die groß, gut und edel auf den Menschen wirken. Paulus aber spricht auch von einer für den Menschen bösen Wirkung durch hierarchische Wesen; er tut dies nur von den Dynámeis an abwärts, es sei denn, er habe mit der »Höhe« (2. Korinther 10.5) und der »Tiefe« (Epheser 3.18), von denen er gelegentlich spricht, noch stärkere Wesenheiten als diese gemeint; denn er schreibt im Römerbrief 8.38-39: »Ich bin gewiß, daß weder Tod noch Leben, weder Engel noch Fürstentümer (archaí), weder Gegenwärtiges noch Zukünftiges, weder Höhe noch Tiefe, weder Gewalten (dynámeis) und keine andere Kreatur uns von der Liebe Gottes scheiden kann, die in Christus Jesus, unserem Herrn, ist.« – In diesem Text beziehen sich »Gegenwärtiges und Zukünftiges« noch auf die Archaí als Zeitgeister; es scheint aber nicht so klar zu sein, daß

»Höhe« und »Tiefe« sich in gleicher Weise auf die Dynámeis beziehen; das ist nur wahrscheinlich.

Die Exusíai oder Offenbarer schaffen die klaren Formen im Sonnensystem; sie tun dies an den Planeten als ganzen und im kleinen möglichst an jedem festen Stoffe; sie bilden die Kristalle und sind überhaupt die Urheber der Welt der Dinge, welche mit ihrer großen Vielheit gegenüber den wenigen Elementen oder Aggregatzuständen und den auch außerhalb des Festen möglichen Gestalten aus Strömungen und Wirbeln eine neue, vielgestaltigere Ebene des Daseins bilden. Zusammen mit den Dynámeis bewirken die Exusíai auch die Drehung der Erde, also Tag und Nacht, und dadurch – neben ihrem Wirken im äußeren und geistigen Lichte – die wichtigste Voraussetzung für unser Ich-Bewußtsein. Dieses Bewußtsein ist ja zunächst ein Ding-Bewußtsein. Sie selbst sind die Väter unserer Iche. Sie richten unsere Leiber auf und schenken uns das Antlitz, in welchem Gott sein Abbild sucht. In unserer Seele schaffen sie die klaren und bestimmten Begriffe. Mathematik und Logik sind ihr Werk. – Diese »Offenbarer« saßen unter den Hierarchien vor allen andern in dem geheimen Rate, in welchem Gott sprach: »Lasset uns Menschen machen, ein Bild, das uns gleich sei« (Genesis 1.26). Damals gab es schon Gottes Gedanken vom festen Lande (Genesis 1.9); der Mensch wurde zu dessen vollkommenstem Bewohner; denn im Sechstagewerk der Schöpfung entsprechen die ersten drei den zweiten drei Tagen, so hier der dritte, der das Land schuf, dem sechsten, der den Menschen schuf.

Die Archaí, die Urkräfte oder Fürstentümer, regeln die großen aufeinanderfolgenden Epochen der menschlichen Kultur wie z. B. die Altägyptens, die der Griechen, die des Mittelalters und die der europäischen Neuzeit. Steiner nennt sie darum oft Zeitgeister.

Auf die Natur und den Leib des Menschen nehmen sie

keinen Einfluß; so weit reichen die Kräfte der drei unteren Engelordnungen nicht. Eine niedere Gruppe unter den Archaí prägt große gleichzeitige Kulturräume wie z. B. den Ostasiens oder den jungen in Nordamerika. Die Archaí wirken auf den halbbewußten Willen; sie beeinflussen das gewohnheitsmäßige allgemeine Tun der Menschen; dadurch bilden sie die Sozialordnung und die Berufe eines Zeitalters. Der Beruf und die soziale Stellung geben der Menschenseele zunächst den Charakter, welcher sie auf Erden zur Persönlichkeit macht. Diese Person ist aber nicht der geistige Kern des Menschen, sondern gleichsam das ihm am engsten anliegende Kleid.

Bei den Archaí ist es für uns zunächst am leichtesten, aus ihren Reihen auch solche Wirkungen in den Blick zu bekommen, die im Reiche der Menschen auf Erden das Böse verstärken. Wir tun es wenigstens bei den Archaí, um uns vor der Illusion zu hüten, als ob wir überall dort, wo wir übermenschliche Kräfte unter uns bemerken, auch mit Wahrheit und Güte zu rechnen hätten. – Die Archaí beeinflussen nicht nur die gemeinsamen Gewohnheiten der Menschen einer Kultur, sondern andere nehmen sich auch der weitverbreiteten Meinungen an, der sogenannten öffentlichen Meinung. Je mehr Vorurteile diese enthält oder je mehr sie gezielt durch Lüge und Halbwahrheiten beeinflußt wird – ganze Völker wurden in unserem Jahrhundert ja gezielt verleumdet –, um so bösere Archaí sind im Spiele. Andere bilden – wie in einer unzulänglichen Nachahmung der Exusíai, welche die spezifischen und allgemeinen Leibesformen der Menschheit schaffen – die Rassen der Menschen aus. Ihnen nah verwandte regen Leidenschaften des Blutes auf und machen auch die Gedanken der betroffenen Menschen leidenschaftlich, egoistisch-gruppengebunden oder allzu persönlich. Bei noch böseren Archaí liegt die Quelle der schwarzen Magie mit dem Ziel, gleichsam durch unbewachte Hintertüren den eigenen Willen in die Seelen ihres Opfers zu senken; die Hypnose ist ihr Anfang. – Wir blicken des weiteren nur auf die guten und unser Leben tragenden Wirkungen der Engelordnungen und halten uns besonders an ihre regelmäßig wirkenden Kräfte in unserem Leben.

Die Erzengel wirken auf das Fühlen des Menschen. Sie lassen ganze Bevölkerungen gemeinsame Empfindungen haben. Die mächtigeren unter ihnen pflegen und prägen die Sprachen, andere sind die Führer der Völker. – Die Engel führen die Menschen zu dem, was diese als einzelne durch ihre Sinne erleben. Die physische Umwelt bildet den Rahmen und die allgemeine Bedingung für die Einzelschicksale. So hat je ein Engel die Schicksalsfäden eines Menschen in der Hand. – Es gibt auch solche, welche, durchaus im Guten, größere politische Gebilde führen, als wären sie kleine Erzengel. Mit diesen brauchen wir uns in der Biographik nicht zu befassen.

Vielleicht verfügen wir nun schon über genügend viele Vorstellungen von den Engelreichen, um gleichsam auch von drüben her, von dorther, wo kein Stoff mehr ist, der sich unseren Sinnen zeigt, das Menschenleben zu verstehen.

*

4. Der Engel vertritt uns gegenüber Gott. Wir sagen darum zu ihm im Gebet oft auch einfach Gott. Jeder Mensch hat seinen Engel, der ihn geleitet. Dieser Weg beginnt mit einem gemeinsamen Vorblick auf das Erdenleben. So singt der Psalmist: »Deine Augen sahen mich, als mein Leib noch nicht gebildet war. Alle meine Lebenstage, die erst werden sollten, standen schon in deinem Buch geschrieben« (Psalm 139.16). – Die Menschheit hat, wie die Apokalypse 20.12 u. f. sagt, nicht nur als ganze für sich ein Lebensbuch,

sondern jeder Mensch hat ebenso ein Buch mit dem himmlischen Plan für sein Leben. – Sie kennen gewiß chinesische Tuschzeichnungen, welche mit zwei oder drei Strichen alles, was sie zeigen möchten, verdeutlichen. Ähnlich ist das Buch des Lebens für den einzelnen vor seiner Konzeption. Diese Zeichnung wird er, wenn es gutgeht, in siebzig Jahren ausmalen.

Nach dem Vorblick auf ihr Leben sinkt die Seele in den sich bildenden Leib; dann schläft sie. Währenddessen prägen die Kräfte, aus denen der Mensch gemäß dem geheimen Rate Gottes mit den höheren Hierarchien von Urzeit her gewoben ist, den Embryo. Nach der Geburt und auch dann erst Schritt vor Schritt mit den Wachstumsstadien wacht die Seele im Leibe auf zum Erdenleben.

Der Engel behütet die Zeit des Schlafens und des träumenden Erwachens, und die Eltern des Kindes dürfen ihm dabei helfen. Während der Zeit der Leibesbildung nimmt der Engel im Bunde mit den gewaltigen Menschenschöpferkräften aus viel höheren Hierarchien nicht nur auf die Eltern, sondern auch auf die weitere menschliche Umgebung Einfluß. Da kann man manchmal den Eindruck haben, als ob manche ungeborenen Kinder die Kraft hätten, auch noch die weitere Hülle zu beschaffen, die z. B. in einer Wohnung für die Familie besteht. Sind sie aber geboren, erst dann sind sie wahrhaft hilfsbedürftig. Jetzt wird der Engel zum Schutzengel, ohne den das Menschenkind den Gefahren der Umwelt nicht entgehen würde. Er tut diese seine Arbeit bis ins vierzehnte Lebensjahr, etwa bis zur Konfirmation. Dann überläßt er seinen Menschen mehr und mehr sich selbst.

Indem der Engel um die Zeit der Konfirmation losläßt, erklärt er, daß die Taten seines Menschen von nun an gelten sollen. Wir Menschen verfahren damit ja beinahe ebenso; denn tut ein Kind etwas Mißliches, dann besprechen wir dies mit ihm immer am gleichen Tage bis zu der ihm möglichen Einsicht. Hernach muß die Sache für das Kind versinken. Wacht das Kind am Morgen auf, dann wachen seine Taten nicht wieder mit ihm auf. Sollte es anders sein, so käme es bei ihm zu seelischen oder gar leiblichen Schäden. – Nach der Konfirmation beginnt der junge Mensch also sein Schicksalsbuch zu schreiben. Von nun an gilt auch für ihn, was die Apokalypse 14.13 für die Toten sagt: »Ihre Taten folgen ihnen nach.«

In besonderen Notfällen wirkt der Engel weiterhin als der Beschützer. Viele miterlebte Schicksale erinnernd, wage ich zu sagen: Je ernsthafter einer sich selbst in die Hand nimmt und je ernsthafter er an seinen Gedanken und Empfindungen arbeitet, um so entschiedener wird sein äußeres Schicksal Massengeschehnissen, wie es sie besonders viel in Kriegen gibt, entzogen, und um so erstaunlicher wirken selbst noch im mittleren Alter Errettungen aus Lebensgefahr.

Abgesehen von solchen Sonderfällen aber geht der Engel gleichlaufend mit dem Rhythmus von je sieben Jahren, also mit dem 14., 21., 28. Jahre usw. des Menschen zunächst immer tiefer in die Ferien. In unserem Lande möchte man meinen, die Engel der Erwachsenen weilten zur Erholung in der Schweiz und ließen sich wie anspruchsvolle Angehörige dorthin die Mittel für ihren Lebensunterhalt nachsenden; zahlen tun die Schützlinge. Gegen Ende der Vierzigerjahre aber werden, um bei dem Bilde zu bleiben, die Bezüge des Engels immer knapper. Dann naht er sich wieder mehr dem Menschen.

In der Tat verändert sich etwa mit dem fünfzigsten Jahre die Seelenstimmung vieler Menschen; sie wird wieder religiöser. Menschen in den Dreißigern fühlen oft, daß ihr seelisches Erleben, verglichen mit den Zwanzigerjahren, deutlich schwächer wurde; das Leben gibt seelisch nicht mehr so viel her. Von fünfzig Jahren an gäbe es eine zweite noch schlimmere seelische Erlahmung, wenn wir nicht etwas ganz anderes als Alkohol und Fernsehen dagegen einsetzten. Goethe meinte, daß wir in der Jugend Idealisten, in der Manneszeit Skeptiker und im Alter Mystiker würden. Wir und unser Engel, beide Seiten brauchen nun gemeinsam, daß wir in der Tat Mystiker werden. Das geschieht nicht von selbst. Tritt die Verinnerlichung aber gar nicht ein, dann verzerrt sich die seelische Gestalt, sie wird arm und ärmer. In früheren Zeiten pflegten oft Pedanterie, Nörgelsucht und Geiz sich von nun an in der Seele breitzumachen; heute kommt es öfter zu einer Lebenslüge gegen das Alter. In Europa bemerkt man glücklicherweise meist noch, wie lächerlich ein an Jahren alter Mensch wird, wenn er im früheren Sinne jung zu bleiben versucht. In Amerika ist das Empfinden dafür beinahe schon erloschen.

Da, wo unsere Seele mit dem Leib verwachsen ist, müssen wir unser Alter schlichtweg anerkennen. Nur in einer höheren Schicht der Seele können wir ohne Schaden jung bleiben; in ihr sollen wir sogar wieder kindlich werden; eben dies ist mit dem Mystiker-Werden, von welchem Goethe spricht, verbunden. Wenn Großmütter ihren Enkeln Märchen erzählen, so daß sie deren Wahrheit ahnen, dann werden sie im besten Sinne kindlich. Dies gelingt, wie jeder weiß, der Märchenstunden in Radio oder Television folgt, mit kindlichem Gehabe überhaupt nicht.

Die Engel benötigen unsere neue innere Kindlichkeit. Sie nehmen die geistigen Wahrbilder, die z. B. in echten Märchen, in Kulthandlungen und in zutreffenden Gedanken über himmlische Verhältnisse liegen, nachts aus unserer Seele auf. Sie können durch solche Bilder Verkehr mit ihren Menschen pflegen. Engel und Erzengel nehmen jede Nacht Einblick in unsere Seele. Der Einblick verlohnt für sie aber nicht, wenn über Tag dort nur materielle, banalirdische Eintragungen gemacht wurden; dann schlagen sie diese Kladde gleich wieder zu und wenden sich vom Menschen ab. – Noch höhere Wesenheiten wie die Archaí und die über ihnen stehenden Ordnungen scheinen die Lebensbücher der Menschen nur als ganze und viel später nach dem Tode zu studieren. Davon werden wir noch sprechen.

Die Engel halten sich auch an das Mysterium der Liebe. Jetzt bedürfen sie aber dringlich deren höherer Form, die sich in fleißigen und leidensbereiten Menschen mehr und mehr heranbildet; die sich bildet, wenn sie Menschen wie eine Mutter ihren Kindern treu bleiben, indem sie Mißerfolg, Enttäuschung, unerwartete Wendungen tapfer ertragen, kurz Glück und Unglück – auch selbstverschuldetes und inneres Unglück – teilen. Solche Liebe trinkt der Engel und dankt durch seine Nähe.

Ist das Leben dann zu Ende gegangen, folgt ein Rückblick als ein Spiegelbild der ersten Vorschau. Zeigte uns der Engel einst den Schicksalsentwurf unseres Lebens wie ein Kunstwerk aus wenigen klaren Strichen, so schauen wir nun das gelebte Leben wie ein Gemälde aus starken Farben. Diese stimmen dann wohl nicht immer ganz mit dem Entwurf überein, manchmal mögen sie auch fehlen, oft mag manches zu fett, zu trüb geraten sein. Im ganzen aber hoffen wir trotzdem, ein lohnendes Bild zu schauen.

Wer die schöne Pflicht hat, viele Nachrufe zu halten, weiß, daß meist die Skizze des Lebens das Genialste in ihm ist. Die Skizze zeigt sich äußerlich in dürren Zahlen und Namen, in Angaben, die man beinahe schon auf dem Standesamt erfahren könnte: Wann und wo wurde dieser Mensch geboren? Wer war die Mutter? Was tat sein Vater? Wieviel Geschwister hatte er? Wo und wann begann die Arbeit im Beruf? Welcher war es? Wo und wann fand er den Lebensgefährten? Wie lange durften sie beisammen sein? Welche besonderen Einschläge gab es?, usw. Die an sich einfachen Namen und Zahlen geben das spirituelle Grundgerüst eines Lebens wieder. Schön ist es, wenn man mehr weiß. Opfer und Taten sollen erinnert werden. Natürlich gilt bei jedem Nachruf die römische Regel: »Sage nichts Böses über Tote.« Aber die Wahrheit setzt doch immer das Grundgesetz; ohne sie könnte der Verstorbene an einer Feier für ihn gar nicht teilnehmen. Die einfachen Tatsachen, recht besehen, spiegeln die Wahrheit ohne das oft irrende menschliche Urteil. Sie allein spiegeln meist schon die Größe, die in fast allen Lebensläufen verborgen liegt. Es gibt zwar langweilige Menschen; aber langweilige Leben gibt es nicht. Wenigstens im Grundgerüst steckt immer Genie; und das war Engelarbeit.

*

5. Einem Erzengel begegnet jedes Kind dadurch, daß es sich in die Sprache und in die Empfindungen seines Volkes einlebt. Die Sprache ist zwar das stärkere Element; aber zunächst müssen wir doch auf das andere eingehen. – Jedes Volk führt ein Erzengel durch dessen gemeinsames Empfinden. Im engsten Sinne nennen wir dieses das Nationalgefühl. Alles was sich in Bräuchen und Liedern kundtut, gehört zu der gemeinsamen Seele, die der Erzengel als Volksgeist stärkt und pflegt. Ein weit verehrtes Königshaus kann ihm als wichtiges Werkzeug dienen. Auch auf die Schulen eines Landes blickt er. Ungezählte einfache redliche Menschenseelen erhält er in guter Qualität; das Stärkste und Beste, was sie fühlen, stammt von ihm, und weil er sie stärkt, verkommen sie nicht. Erscheinen solche Menschen in der Welt außerhalb der Grenzen ihres Volkes, dann gibt man ihnen moralischen Kredit. Holland, Eng-

land, Frankreich, Norwegen, Finnland, Polen sind solche Länder, deren Völker sich der ungestörten Führung eines Erzengels erfreuen.

Für uns Deutsche trifft dies nicht mehr zu. Erscheint einer von uns im Ausland, so findet er keinen selbstverständlichen moralischen Kredit. Er muß als einzelner erst beweisen, wer er ist. Daß er etwas kann, glaubt man ihm meist gleich nach dem ersten Versuch; daß man ihm vertrauen darf und daß der menschliche Umgang mit ihm verlohne, das muß er in langer Zeit beweisen. Manche Menschen werden ihn am Ende vielleicht besonders hochschätzen, aber nie, weil er ein gut gelungener Deutscher wäre, was z. B. bei Engländern recht häufig eintritt. Ähnlich sind auch wir früher, vor der schrecklichen Krankheit, mit Juden als Menschen ohne Volksgeist umgegangen; heute geht man so in aller Welt in gleicher Weise mit Juden und Deutschen um; denn man spürt, über ihnen waltet kein schützender, seelenpflegender Volksgeist. Das war für Deutsche anders bis zum ersten Weltkrieg und gegenteilig noch im 19. Jahrhundert. Damals war das gemeinsame deutsche Gemüt verläßlich. Lagarde durfte noch sagen: »Deutsch ist man nicht durch Geblüt, sondern durch Gemüt.« Und dies Gemüt war reich und gut.

Wann ging das verloren? – Im Jahre 1894 schrieb der Soziologe Max Weber in der »Christlichen Welt«: »Das Gegenteil von politischer Erziehung bekundet ... jene menschlich liebenswürdige ... Erweichung des Gemütes, welche politische Ideale durch ethische ersetzen zu können meint und diese wieder harmlos mit optimistischen Glückshoffnungen identifiziert.« – »Wir müssen begreifen, daß die Einigung Deutschlands ein Jugendstreich war, den die Nation auf ihre alten Tage beging und seiner Kostspieligkeit halber besser unterlassen hätte, wenn sie der Abschluß

und nicht der Ausgangspunkt einer deutschen Weltmachtspolitik sein sollte.«
Eine solche Politik empfahl Weber keineswegs als solche, sondern er warnte mit diesen Worten davor, das damals in Deutschland vorhandene Instrument einer Weltmacht in dem eitlen und dilettantischen Sinne zu benutzen, wie Wilhelm II. es tat. Dann gereiche es zum allgemeinen Verderben. – »Es wird uns nicht gelingen, den Fluch zu bannen, unter dem wir stehen: Nachgeborene Bismarcks zu sein ..., es müßte denn sein, daß wir verstünden, etwas anderes zu werden: Vorläufer eines größeren ...« – Faßt man die Worte Webers, der sich damals auch sonst für sechzig kommende Jahre als treffender Prophet des Schicksals erwies, zusammen, kann man sagen: Weiterhelfen können nur große, gestaltende Gedanken, nicht der Rückgriff auf das nationale Gefühl als solches. Nur im Lichte des Geistes blüht die Seele. Dies gilt nicht nur für jeden einzelnen Menschen, sondern auch für Völker.
Fragt man aber kühn weiter, was damals zu unserem schweren Volksschicksal wohl im Himmel gedacht und beigetragen wurde, dann kann man durch Steiner hören, schon im Jahre 1879 habe der deutsche Volksgeist sich abgelöst. Solch einer Mitteilung gegenüber sind wir mit unserem Erdenbewußtsein zunächst hilflos; man müßte sie auf sich beruhen und beiseite lassen, wenn nicht wie in diesem Falle die klug durchschaute irdische Erfahrung in dieselbe Richtung wiese.
Man muß nun selbstverständlich auch weiter fragen: Gibt es eine Erneuerung des Volksgeistes? – Nach den Erfahrungen des 20. Jahrhunderts in Mitteleuropa wird jeder Besonnene einsehen, daß dies sicher nicht mit Trompetenschall geschehen wird. Sollte es überhaupt möglich sein, dann wohl nur durch eine stille Vorbereitung der Häupter durch lange, schwere Arbeit und durch tapfer gefühltes

Leid der Herzen. Nicht anders als zum inneren Heil des einzelnen Menschen wird hier der Weg über viel physische und geistige Arbeit, über Leidensbereitschaft und über das tapfere Sich-Stellen zu allen echten Fragen führen, um am Ende zu der ersehnten neuen Selbstfindung zu kommen. Dabei verlangt der Weg des Volkes von einem jeden über sein Eigenschicksal hinaus noch viele zusätzliche Opfer.

Nach alldem sieht es bei uns heute nicht aus. Die Trompeten sind zwar verstummt; aber die Veräußerlichung, deren Stimme sie waren, ist nicht gewichen. Zu ihr trugen das Existieren der Radios seit den zwanziger Jahren des Jahrhunderts und das des Fernsehens seit den fünfziger Jahren des Jahrhunderts – ihre gleichmachende und abstumpfende Wirkung auf die Seelen, nicht nur der Inhalt ihrer Sendungen – das schlimme »Ihre« bei. Und das wird sobald nicht besser werden. Durch Stille, Schmerz und große geistige Arbeit könnte vielleicht ein neuer Volksgeist herabgebeten werden.

Eine wichtige Erfahrung vom Anfang des Jahrhunderts sollte auch nicht vergessen werden: Der Wandervogel fühlte die schlimme geistige Lage und versuchte, durch einen zwiefachen Rückgriff auszuhelfen, erstens durch Vergegenwärtigung der reichen Seelengeschichte unseres Volkes, man denke nur an die wiedererweckten Lieder, und zweitens durch den Rückgriff auf die Natur. Die Bewegung scheiterte und wurde am Ende schwer mißbraucht. – Erinnerung ist nur dann gut und ist dann auch unentbehrlich, wenn sie zur Helferin eines geistigen Vorgriffs wird, des Vorgriffs auf Ideen, die ein Fernziel der ganzen Menschheit darstellen, und gleichzeitig der Vorgriff auf geringere, von jenen abgeleitete Ideale wird, die hier und jetzt verwirklicht werden können. Beide Arten birgt das

Christentum in sich. Sie müssen aber neu gedacht werden, vielleicht zum ersten Male ernstlich und mit allen ihren Folgerungen gedacht werden.

Dafür bietet die Geschichte Israels ein Beispiel: Im 9. und 8. Jahrhundert v. Chr. war Israel als Volk in einer ähnlichen Lage wie heute wir. Damals entschied es sich, ob dieses Volk überhaupt weiterbestehen könne. Der größere Teil von ihm ging unter, weil er schon vor dem verlorenen Krieg gegen Assur (~ 735-722 v. Chr.) unter dem Namen des Fruchtbarkeitsgottes Baal heidnisch überfremdet war und folglich in der äußeren Katastrophe keinen geistigen Widerstand leistete. Die große Verführerin war Isebel gewesen, die in den Jahren 875 bis 842 Königin und einflußreiche Königsmutter im Nordreich Israel war. Im Staate Juda, also im Süden, war man zunächst zwar noch streng mosaisch gesonnen, man blickte also auf Israels große Vergangenheit mit Mose, David und Salomo zurück; gegen Isebels schlimmen Ziele richtete man aber nichts aus, ja, der fromme König Josaphat (875-850), der die geschichtlichen Weichen stellte, erkannte nicht einmal ihre Gefährlichkeit. Er holte ihre »bedeutende« Tochter Athalja als Kronprinzessin nach Jerusalem. Dort machte sie sich etwas später zur alleinregierenden Königin und rottete das messianische Haus David-Salomo aus.

Die Hilfe kam von einem einzigen Manne, von Elia, der einen neuen Gedanken faßte oder eine neue Erfahrung in der Menschheit machte: die seelische Fruchtbarkeit des Todes. Er wußte, wie widersinnig den Zeitgenossen diese Erfahrung erscheinen würde, und er zweifelte, ob in Israel genügend viele mit diesem Gedanken leben würden. Da tröstete ihn der Herr in einer Inspiration auf dem Berge Horeb-Sinai, indem er zugleich den Untergang des alten Israel ansagte: »Ich will übriglassen Siebentausend in Israel, alle Knie, die sich nicht gebeugt haben vor Baal, und jeden Mund, der ihn nicht geküßt hat« (1. Könige 19.18). Elia gewann für sein Volk eine neue geistige Führung.

*

6. Eine höhere und stärkere Kraft als das Gemüt bietet die Sprache dar; sie selbst trägt wohl am meisten zur Bildung des Gemütes bei. – Nachdem die Dichterin Nelly Sachs ihr Volk verloren hatte, die jüdische Dichterin ihr deutsches Volk, als sie im Exil in Schweden lebte und während des zweiten Weltkrieges einsah, daß dieses Volk zu seinem Selbstmord schritt, blieb ihr ein Trost: »Sprache ist Heimat.«

Unsere Sprache schien nach dem Zusammenbruch der überkommenen Kultur im Dritten Reich wirklich die verbliebene Zuflucht darzubieten. Aber nach dem zweiten Weltkrieg erwies es sich, daß die Bevölkerung ihre Sprache nicht mehr liebte. Die Hochschulen führten ein Gemisch aus Griechisch, Latein, Französisch und Englisch ein, das den vergessenen Namen Volapük verdient. Sie machten die Sprache zum nackten Träger des Begriffes.

Die Verführung kam aus dem Englischen. Denn die Art von Sprache, welche nur dem Begriffe dient, erfand vor nunmehr zweitausend Jahren der Römer Cicero; das war damals eine Tat. Er übertrug die noch ziemlich freien Ausdrücke der griechischen Philosophie so ins Latein, daß Wörter und Begriffe streng zusammenfielen. Jeden philosophischen Begriff bezeichnete Cicero mit einem bestimmten Worte. Und von da an nahm diese Sprache die Neigung an, mit jedem Wort auch nur noch eine einzige, klar umrissene Bedeutung zu verbinden. Das Altfranzösische erhielt sich diese Tugend. Es übertrug sie durch die französisch sprechenden Normannen auf die englische Sprache in ihrem romanischen Teil. Darum benutzt der Engländer romanische Wörter, wenn er Philosophie und Wissenschaft betreibt. Die zehntausend einsilbigen Wörter seiner ursprünglichen Sprache aus sächsisch-germanischem Erbe bezeichnen die natürlichen Dinge und Vorgänge treffend, aber sie lassen sich nicht zu Bildern geistiger Vorgänge erheben. Wer etwas Intellektuelles meint, wählt selbstverständlich romanische Wörter. Hilflos aber läßt ihn seine Sprache im Stich, wenn er etwas Geistiges meint, welches nicht in alte Begriffe einzufangen ist, auf welches vielmehr nur mit einem Bilde hingedeutet werden kann. Das Englische und die romanischen Sprachen sind unvermögend, Imaginationen in schlichter Weise darzustellen. Sie sind vortreffliche Erdensprachen; doch sind sie ungeeignet für den in Bildern sprechenden Geist, ungeeignet für den Himmel. Indem die deutschen Hochschulen nach dem zweiten Weltkrieg die Art des Englischen übernahmen, verleugneten sie den Geist der deutschen Sprache. Die besondere Kraft und Möglichkeit dieser unserer Sprache deckte Fichte 1807 in den »Reden an die deutsche Nation« auf. Sie vermag, Dingbezeichnungen zu geistigen Bildern zu erheben. Auf das Bild, mit welchem die Vernunft umgeht, richtete Fichte von da an für den Rest seines Lebens, es waren noch sieben Jahre, fast sein ganzes Forschen. – In Bildern denken auch die Engel. Das zeigt die Bibel fast auf jeder Seite und ganz unausweichlich in ihren apokalyptischen Büchern. Auch Märchen sind Schatten von Gesprächen der Engel.

Jedes Ding kann in der deutschen Sprache zu einem geistigen Bilde werden. Noch geistiger aber als das vom Dinge entlehnte Bild kann die Geste des Tuns im Worte werden. Tätigkeitswörter spiegeln, recht verwendet, verhältnismäßig leicht das Wesen der Geister ab, die an unseren Seelen wirken oder an unseren Leibern schaffen und heilen.

Vor dreitausend Jahren zeigte diese wunderbare Fähigkeit das Sanskrit in Indien, die Sprache der Philosophie in Asien. Sie ist die formenreichste Sprache der Menschheit, und ihr Wortreichtum – es waren damals vielleicht 50 000 Wörter – ist dem formenarmen Englischen ähnlich. Trotzdem konnten die Grammatiker des Sanskrit im 5. Jahrhundert v. Chr. eine Liste von nur neunhundert bestehenden und sechshundert gebräuchlichen einsilbigen Wortwurzeln aufstellen – alle diese Wurzeln bezeichnen Tätigkeiten –, auf welche die gesamte Sprache zurückzuführen sei. Die Konstruktion und Rechnung ging zwar nicht vollkommen auf, sie kennzeichnete aber mit genialem Griff das verbale Grundwesen dieser Sprache.

Auch die Wurzeln unserer Worte liegen meistens in den Verben. Die Erscheinung weist auf die Welttatsache hin, daß Sachen aus Taten hervorzugehen pflegen und daß die Formen der Dinge letztlich auf Gesten von Wesenheiten beruhen, auf bestimmten Weisen des Tuns schöpferischer Wesen. So wie die Organe unseres Leibes sich aus den Tätigkeiten bilden, die sie ausüben, und wie sie sich nur durch diese Tätigkeiten gesund erhalten, so sind natürliche Gestalten eigentlich erstarrte Gesten und aus Bewegungen hervorgegangen.

Weil sie dies mit jedem Worte und Satze offenbaren, sind Sanskrit und Deutsch mit Fichte »Ursprachen« zu nennen. Von ähnlicher Art ist auch das Griechische. Wir werden hernach zu den Wirkungen der Geister der Form oder Exusíai und der Geister der Bewegung oder Dynámeis noch mehr über solche Verhältnisse zu sprechen haben.

Die jüdische Überlieferung, die wir Kabbala nennen, hält das Hebräische für die Ursprache der Menschheit, weil sich in ihren Lauten die Welt der Zahlen spiegele, welche hinter der Welt des Sinnenteppichs als die Gesetzgeberin über den handelnden Himmelswesen stehe. Das Zusammenspiel der

Zahlen, die sich in den Buchstaben verbergen, über das ganze hebräische Alte Testament hin, ist in der Tat erstaunlich. Auch das mit den Zahlen verbundene Bewußtsein von den Lauten läßt vermuten, daß sich in dieser Sprache eine noch tiefere Geistigkeit zu spiegeln vermöge. Darum haben wir auch gewiß das Hebräische im Sinne Fichtes unter die Ursprachen zu zählen. Deutsch, Sanskrit, Griechisch und Hebräisch stehen als geistdurchlässige Sprachen tüchtigen Erdensprachen wie Englisch, Französisch und Latein gegenüber. Aber das Deutsche ist die jüngste und frischeste unter den himmelsfähigen. Darum ist sie in der Gegenwart die geeignete Sprache für den Kultus.

Sollte einmal in Deutschland fast niemand mehr den Geist der deutschen Sprache lieben, dann bliebe doch die Hoffnung bestehen, daß der ungewöhnliche, gewaltige Erzengel dieser Sprache die Menschen, welche in ihr hohe Rituale pflegen, als seine »Siebentausend« anerkennt, so wie Elia auf dem Horeb von nicht abgezählten Siebentausend hörte, und daß unser Sprachgeist dann trotz aller Verleugnung bereit bleibt, zum Heile vieler Menschenseelen auf Erden weiterzuwirken.

*

7. Die Sprache begleitet nach Steiners Schilderung eine verstorbene Seele noch lange Zeit. Dabei vergeistigt sie in derselben Weise, wie wir dies eben als Möglichkeit beim Sanskrit und beim Deutschen im Vergleich zu den dingfesten und begriffsgezielten Erdensprachen sahen. Die Dinge der Erde und die Worte für sie fallen bald von den Toten ab. Es bleiben die Worte des Tuns und der Bewegung; solches gibt es auch im Seelenreiche.

Wenn wir nun z. B. drei Tage nach dem Tode eines Freundes, nachdem die beschriebene Rückschau auf das Leben ihm verblaßt – Goethe hat diesen Verlust für Faust beschrieben, wo Faust aus Griechenland wie aus einem besonderen Leben zurückkehrt und im »Hochgebirge« in den Wolken noch einmal das hinschwindende riesig sich ausdehnende Bild Helenas schaut –, wenn wir die Bestattungsfeier für den Toten halten, dann sind die Worte dieses Ritus in Bildern, Gestalt und Lauten so geprägt, daß sie ihm als Letztes von der Erde im Gedächtnis bleiben und ihn begleiten können. Am längsten bleiben ihm Worte, welche handeln, und zuletzt noch deren Laute, aber gleichzeitig riesengroß, weltenspiegelnd. Wenn der Tote, sich erinnernd, nur noch die Laute erlebt, bedeutet dies für ihn keine Verarmung; im Gegenteil, er erlebt in den Lauten nun die Geisteswelten. Er findet sich aufsteigend dann schon in dem Reiche der Archaí oder Urkräfte.

*

8. Über den Erzengeln stehen die Archaí. Jeweils eine Arché prägt ein Reich, das weit über Völker und Sprachen hinausgeht. Es dehnt sich nicht nur über Länder aus, sondern vor allem über lange Zeiten. Darum nannte Steiner die Ordnung der »Anfänge« oder Fürstentümer meistens Zeitgeister. Sie prägen die Sitten, die Lebensränge mit ihren Berufen; sie prägen auch die großen Glaubensgemeinschaften, die sich auf Jahrhunderte über viele Länder hin erstrecken.

Die griechisch-römische Kultur hatte einen einheitlichen Zeitgeist und das christliche Europa des Mittelalters einen anderen. Gegen Ende der römischen Kaiserzeit zwischen den Jahren 410 (der Eroberung Roms durch Alarich) und 565 n. Chr. (dem Tode Justinians) trennte sich der führende Geist der Antike von den Völkern des Mittelmeeres. Damals fanden sich wenige große Menschen wie Boetius,

Cassiodor und Benedictus, die verstanden, wie Menschen um einen neuen Zeitgeist bitten können. Sie fertigten in wenigen Klöstern das Modell einer neuen Kultur. Zu deren Grundlage machten sie das biblische Christentum. Das Edelste aus dem griechischen Boden, was damals noch lebte, wie die sieben freien Künste und die Schule des Denkens, nahmen sie hinzu. Als Platons Schule in Athen, die Akademie, im Jahre 529 von Kaiser Justinian geschlossen wurde, gründete Benedictus im gleichen Jahre auf dem Monte Cassino bei Neapel ein Kloster, dessen Regel später in allen westlichen Klöstern galt. Die Heilige Schrift, die Kirchenväter und wenigstens ein großes Hauptwerk von Platon, das Buch Timaios, alles in lateinischer Sprache, wurden in den Klöstern immer fleißig studiert; und die Jugend als Nachwuchs für die Mönche wurde darin unterwiesen, als sonst im Bereiche der lateinischen Kirche kaum noch Menschen lesen und schreiben konnten.

»Bete und arbeite« hieß der Wahrspruch, den Benedikt seiner Mönchsgemeinschaft gab; und »Armut, Keuschheit und ortsgebundener Gehorsam« waren die Gelübde seiner Mönche. Bald gab es in Westeuropa keine anderen Stätten der Kultur mehr. Der Grundsatz, daß jeder Mönch auch mit der Hand zu arbeiten habe, und die drei Gelübde änderten die Lebensauffassung der Antike von Grund auf; sie stellten sie geradezu auf den Kopf; selbst die christlichen Kirchenväter hatten nach der älteren Sitte keine körperliche Arbeit geleistet. In Benedikts Kloster keimte eine neue Kultur. Erst nach tausend Jahren, in der Renaissance und der Reformation, stieß sie an eine innere Grenze; aber auch damals, an der Wende zum 16. Jahrhundert, zeigte es sich, daß sie zwar einer Umwandlung bedurfte, daß ihre Kräfte aber noch keineswegs erschöpft waren. Es bildeten sich mehrere Konfessionen; die neuen unter ihnen wurden von Luther, von Zwingli und Calvin geprägt. Und diese

neuen trieben reichlich hundert Jahre später je einen Sproß von ungeahnter Kraft hervor.
Im calvinistischen Holland, in Schottland und auch in England fanden Calvinisten, die sich nun Puritaner nannten, eine neue Lebensform in einem »reinen« christlichen Leben. Weil man sie in England verfolgte, gründeten sie als Pilgrimsväter in Neuengland neue Gemeindestaaten; für sie war dort in Nordamerika nun »Gottes eigenes Land«. – Max Weber deckte in zwei Aufsätzen 1906/07 mit der Überschrift »Die Ethik des Protestantismus« ihre Lebensregeln wieder auf. Die Quellen der puritanischen Prediger waren neben der Bibel asketische Schriften des mittelalterlichen Mönchtums, besonders die Schriften des großen Franziskaners Bonaventura (1221-1274).
Was Benedikt als Sonderleistung einer Elite im Kloster wie an einem Modell erübt hatte, das wurde nun mit aller Strenge von jedermann verlangt und ins allgemeine Leben übertragen. Ihre erste Regel hieß: Arbeite hart; nur solche Arbeit ermöglicht dem gemeinen Mann das »reine Leben«. Die zweite Regel lautete: Lebe bescheiden. Nimm die Güter dieser Welt, die das Leben dir bietet, an dich und verwalte sie für Gott; er wird dich im Gerichte fragen, was du mit ihnen getan hast. Tritt darum dieses Amt des mehrenden und schenkenden Verwalters auch an niemanden ab; an keine Kirche, an keine Caritas; tu es selbst. – Und so geht es weiter: Die Zeugung ist dem Menschen gegeben, damit er Kinder habe; jede weitere Verwendung führt ins unreine Leben, welches Gott haßt. – Zusammenfassend drückt das Wort Petri vor dem Hohen Rat in Jerusalem aus, was die Puritaner wollten: »Man muß Gott mehr gehorchen, denn den Menschen« (Acta 5.29). Und Gottes Gebot steht in der Heiligen Schrift deutlich für jedermann aufgeschrieben. – Die Puritaner waren Benedikts strengste Schüler. Dabei waren sie religiöse Indivi-

dualisten, weniger in der Lehre als im Willen zur Verantwortung vor Gott.

Der zweite junge Sproß des alten Stammes grünte unter Luthers Pflege; Preußen hieß er. Seine Regeln waren: Arbeite hart und unabhängig vom Lohn. – Lebe bescheiden und von dem, was man dir zuteilt. – Halte Zucht in allen Dingen; pflege deine Familie; aber der Dienst geht vor. – Der Dienst gilt dem Staate, und zwar dort, wo er dich hinstellt; keiner verläßt seinen Posten. Im Dienst verwirklicht sich Gottes Wille. Auch der König ist des Staates Diener. – Kurz: »Wer auf die preußische Fahne schwört, hat nichts mehr, was ihm angehört.« – Auch hier leuchten Benedikts Worte durch: Arbeit, Armut, Keuschheit und ortsgebundener Gehorsam; selbst das Beten findet noch seinen Platz. Dieser Typus stellt das Leben nicht auf die praktischen Entscheidungen des einzelnen, wie der puritanische, sondern ganz wie bei Benedikt auf den Gehorsam gegen die Gemeinschaft; hier gilt der Obere, der Vorgesetzte, wie bei Benedikt als der Stellvertreter Gottes. – Dieser Staat hatte sein inneres Leben vom Deutschritterorden empfangen, jener wieder von den Mönchsorden und diese von Benedikts Gemeinschaft. Preußen war ein legitimer Sproß derer vom Monte Cassino und zugleich der Zwillingsbruder Neuenglands. Beide wurden zugleich geboren und beide sind im 19. Jahrhundert an dem gleichen Gift gestorben, am schrittweisen Vergessen seiner Ideale angesichts des Reichtums. In Preußen siegte in der Mitte des 19. Jahrhunderts das Kapital an der Ruhr über den armen Staatsdiener im Osten. Der königliche Hof zog das Geld der Armut seiner früheren Diener vor, und alle Untertanen folgten. Mit dem Rock, in welchem Friedrich der Große arbeitete – er ist noch aufbewahrt und vom Gebrauch verscheuert, nicht vom Alter –, mit einem solchen schäbigen Kleidungsstück kann sich bei uns seit hundert

Jahren niemand mehr sehen lassen. So ging es schließlich mit allen moralischen Kräften Preußens, nicht nur mit seiner freiwilligen Armut. – Die Nachfahren der Neuengländer wollen wir der Trauer über ihren moralischen Untergang selbst überlassen. Preußens ethischer Geist war im Jahre 1879, von dessen geistigem Ereignis wir vorhin sprachen, schon gestorben.

Heute gewinnen wir bei uns und in der ganzen westlichen Welt Wahlkämpfe dann am sichersten, wenn wir die Fundamente der Kultur, die Benedikt vor fünfzehnhundert Jahren legte, einzeln exakt benennen und einzeln als Instrumente der Irreführung und Bedrückung verwerfen: Bei dem Worte »beten« lächeln wir verlegen. Wir sind selbstverständlich für die Verkürzung der Arbeitszeit und für höhere Löhne. Wir wollen den Wohlstand der Massen; wir sind gegen die sexuelle Oppression; und wir entrüsten uns bei einem so menschenfeindlichen Worte wie Gehorsam. Das sind die Punkte, die ein Politiker zu seinem Erfolge braucht; mehr würde seine Wähler nur verwirren. – Die geistige Größe eines guten Textes, z. B. der Evangelien, aber auch noch solcher wie der Regula Sancti Benedicti, sieht man dann am deutlichsten, wenn der Teufel ihn verdreht; dann zeigt sich plötzlich eine schwarzmagische Kraft. Die darin früher wirkende weiße Magie übersieht man viel leichter. – Ich behaupte nicht, daß wir zurück nach Preußen, zu den Pilgrimsvätern oder gar in Benedikts Kloster könnten. Ich zeige Ihnen, in welcher äußerst schwierigen Lage wir mit unserer Kultur sind.

Mit dem Zeitgeist scheint es sich für uns ebenso wie mit dem Volksgeist zu verhalten. Als Deutsche sind wir heute ohne einen die Empfindungen pflegenden Erzengel. Das führt dazu, daß viele einfache Seelen ohne inneren Halt verkommen. Aber Europa und Amerika verloren darüber hinaus auch ihren tragenden Zeitgeist. Das ist ungleich schlimmer; denn nun findet sich auch die gemeinsame Bildungs- und Führungsschicht nicht mehr zurecht. Hinzu kommt noch die irrige Meinung fast der ganzen Menschheit, daß der bisherige Geist der westlichen Kultur der Geist des Christentums gewesen sei. Das ist glücklicherweise nicht die Wahrheit. Sondern der ganz bestimmte Zeitgeist, welchem Benedikt den Weg geebnet hat, wollte freilich dem Christus dienen. Dieser aber steht hoch über ihm und fand in ihm nur eine der möglichen Formen seines Ausdrucks. – Solche Einsicht weniger Menschen hindert selbstverständlich nicht die Weltmeinung und insbesondere nicht Kreise unserer Jugend zu sagen, das Christentum selbst sei mit den letzten Ausläufern der mittelalterlichen Kultur gestorben. Man wird sich dementsprechend auch verhalten und die Christen dementsprechend behandeln. Die Voraussetzungen dafür, daß ein neuer, weiterführender Zeitgeist erbeten werde, müssen auf höheren Ebenen des Geistes gesucht werden.

Lassen Sie mich wenige Minuten von den berechtigten Erwartungen für den Fall in der Menschheit sprechen, daß nichts Außergewöhnliches auf dem geistigen Felde der Gegenwart geschähe: In Kürze würde die Kultur zu einer perfekten Technik und zugleich zur ferngelenkten Öde der Seelen gelangen. Wir sind für die meisten Menschen in Europa und Amerika auf dem Wege zur höchsten, aber wenig gefühlten Unfreiheit. Freiheit ist nur nach dem Maße eines persönlichen Umganges mit dem Geist oder wenigstens mit geistigen Fragen möglich. Es ist für sehr viele mitbestimmende Menschen der Weg nur noch kurz zu dem inneren Zustand, von Homer bis Goethe keinen schöpferischen Geist mehr zu verstehen. So würde die Kultur von dreitausend Jahren und mehr vergessen werden, wozu es in den meisten Kultusministerien der Welt heute kräftig

nachhelfende Impulse gibt. – Im Lebenslauf des einzelnen würde man dann nur noch die leiblichen und intellektuellen Jugendkräfte zu schätzen wissen und der seelisch-geistigen Entwicklung im Alter eine Randbedeutung oder gar die blanke Illusion zusprechen. Was noch schlimmer wäre, auch die Realität in den Seelen würde sich nach diesem Bilde gestalten.
Die mögliche Weiterentwicklung der Kultur im seelenerweckenden Sinne hängt heute von dem Einschlag einer bisher ungewohnten Geisteskraft ab. Etwas von ihr zu erahnen und ahnen zu lassen, sei das letzte Ziel und Thema dieser Vorträge, denn ohne sie in irgendeiner vielleicht bescheidenen Weise müssen die Seelen der Menschen in der zweiten Hälfte ihres Erdenlebens verdorren.
Man könnte meinen, zu solchem Urteil über unsere Zeit seien Denker wie Karl Jaspers (1883-1969) auch ohne Hierarchienlehre gelangt. Das ist richtig; aber zum Hinweis auf einen Ausweg aus der schweren Krise der Kultur käme niemand leicht ohne die durch Steiner wiederbelebte paulinische Hierarchienlehre. Wie sollte ohne diese Lehre der Blick auf die Geister der Bewegung oder die Dynámeis fallen, deren Kraft sich heute im Denken der Menschen mit der Kraft der Geister der Form oder der Exusíai verbinden kann? Auf diese beiden Engelordnungen muß unsere Aufmerksamkeit sich heute neu richten.

*

9. Die Exusíai oder Offenbarer schaffen für die Menschen nach außen die vollendete Gestalt und nach innen die klaren Gedanken. Die Form des menschlichen Leibes, der seit dem Lebensalter von siebzehn Jahren wieder schön ist, vollendet sich mit einundzwanzig. Künstler beginnen im mündigen Alter gültige Werke zu schaffen; und viele See-

len versuchen ab Achtzehn, die Welt der großen Gedanken im Sturm zu erobern.

Mit achtzehn, neunzehn Jahren wollen Empfinden und Denken sich noch nicht voneinander trennen. In Begeisterung lodert die Seele beim Lesen geeigneter philosophischer Schriften; Fichtes »Die Bestimmung des Gelehrten« von 1794 ist eine solche. Man könnte sie auch »Die Bestimmung des (denkend-schaffenden) Menschen« nennen; sie ist aber besser geeignet als die Vorlesungen dieses Titels von 1799. Der junge Leser fühlt, wie Fichtes Denken ihn weckt und klärt; er wird sich den Inhalt trotzdem nur schwer wiederholen können. Für genaue Erinnerung und definierte Begriffe bleibt ihm in den nächsten Jahren die Zeit. »Die harte Arbeit des Begriffes«, wie Hegel es nannte, ist erst für die Zwanziger bestimmt.

Platon ist der größte Führer zum Denken und darum der Hohepriester der »Offenbarer« auf Erden. Mit seinen höchsten Gedanken scheint er sogar die Kyriótetes oder die Geister der Weisheit berührt zu haben. Gott – das Höchste, was er denkt – erschließt sich ihm ähnlich, wie der Vorspruch des Johannesevangeliums es sagt, als das Eine, das Gute, als Sein, Leben und Denken. Erst unter ihm entfaltet sich der Kosmos der Ideen. Es ist aber – ich rede nun für einen Augenblick persönlich vermessen, um deutlich zu werden – es ist ein Unterschied, ob ein Mensch den himmlischen Thron in ferner Majestät erblickt oder ob er ihm naht. Jedenfalls bewältigte Platons Philosophie oder »Liebe zur Weisheit« nicht den Wechsel im Dasein; den Dynámeis oder den Geistern der Bewegung wollte seine denkende Seele sich nicht fügen.

An dieser von den Griechen nicht bewältigten Nahtstelle des geistigen Lebens, wo Fragen, Verzichte und manchmal wie für Nietzsche wohl sogar Tragik im Denken selbst unvermeidbar werden, wird für die Denker unserer Zeit alles zu tun bleiben. Goethe begann diese Arbeit; in der Farbenlehre waren seine intellektuellen Bescheidungen wohl am größten; eher erreichbar ist seine Darstellung der Gestaltverwandlungen, seine Metamorphosen-Lehre. Eine wohldurchdachte Verwandlungslehre für die menschliche Persönlichkeit, das heißt eine philosophische Reinkarnations-Lehre wird folgen müssen. Platon überlieferte sie noch mehr im Bild und Mythos als in tragenden Begriffen; er hat sie vorgestellt, noch nicht gedacht.

Die Exusíai oder Geister der Form wirken auch heute auf gute Weise in dem menschheitsumspannenden, allgemein gültigen Denken. Ihre Kraft allein trägt aber die Seelen nicht mehr so wie zur Zeit der Griechen und im Mittelalter; dazu müssen sie sich in unserer Zeit mit den Dynámeis verbinden. Diese Verbindung als eine erste Umwandlung des Denkens selbst fällt den Menschen selbstverständlich außerordentlich schwer. Weil sie sich nur von den Exusíai allein nicht mehr getragen fühlen, fliehen sie, statt die angedeuteten zusätzlichen Anstrengungen auf sich zu nehmen, zurück zu den Archaí. In diesem Reiche verfallen sie heute aber bösen Wesenheiten. Diese nutzen überlieferte, leidlich geschlossene Gedankensysteme für sich aus und prägen sie den Seelen als neue Dogmen ein. Die ihnen untertänigen Menschen kämpfen dann für diese ihre Dogmen; so machen sie z. B. lieber auf ein Jahrhundert hin mit sich und ihren Zeitgenossen ein zweifelhaftes soziales Experiment, weil sie wenigstens die zu ihm gehörige Theorie begreifen, als daß sie vorher die schwere, aber letztlich doch unausweichliche Arbeit der Gedanken vor dem Leben selbst leisteten, die solche Experimente überflüssig machen würde. Das Tor zum Bösen liegt in der freiwilligen Beschränkung anstelle der notwendigen Ausweitung der Gedanken, wo sie möglich wäre. Statt von einer freiwilligen Beschränkung der Gedanken muß man leider sogar von der »selbstverschuldeten Unmündigkeit des Menschen« reden, die Kant den Europäern vor der Aufklärung zusprach. Und dabei fühlt sich diese große Gruppe als die Testamentsvollstreckerin der Aufklärung. Das ist sie nur im Sinne einer ärmlichen Wiederholung einiger ausgewählter Vorstellungen jener Zeit, aber nicht durch die Entfaltung einer neuen geistigen Kraft, wie sie der Aufklärung zu eigen war.

Heute geht es uns darum, die Kraft der Dynámeis in die seelische Arbeit einzubeziehen. Letztlich geht es für die Menschheit aber darum, mit solcher Arbeit bis zu den Kyriótetes vorzudringen. Bis dahin stehen noch weite Wege bevor. Erst die Herrschaften oder die Geister der Weisheit werden uns das Schauen der Gesichte schenken, die Gott selbst in unsere Seelen senken wird. Erst sie stehen nach Paulus (Römer 8.38) über allem Bösen. Der Kýrios Christós ist der Herr der Herrschaften oder Kyriótetes. Er wirkt vorzüglich durch diese heilige Ordnung, wenn sein Wesen letztlich auch, wie Paulus den Philippern 2.10 und Kolossern 1.16 schrieb, über den Hierarchien steht.

*

10. Was wir als Erkennende noch nicht erreichen, nehmen wir als Glaubende voraus, sofern die schrittweisen Ansätze des Erkennens den Glauben immer wieder bestätigen. Darauf ist der Glaube heute allerdings angewiesen. Unsere Seele braucht ihn aber; sie braucht schon jetzt in Zielbildern, was sie viel später erst klar und wohl unterschieden erforschen wird, so wie Paulus den Korinthern einmal schrieb: »Wir wandeln im Glauben und nicht im Schauen« (2. Korinther 5.7), dann aber dort, wo er den Glauben, die Hoffnung und die Liebe als die Mächte des Gebetes beschreibt, ebenfalls: »Jetzt erkenne ich . . . (nur) im Bilde,

dann aber von Angesicht zu Angesicht« (1. Korinther 13.12).
Der Glaube an die wiederholten Erdenleben ist ein sehr wirksamer Antrieb für moralisches Handeln oder wenigstens zur Vermeidung unmoralischen Verhaltens. Davon kann man sich in Indien überzeugen. Der Glaube an die Auferstehung am Ende dieser materiellen Erde aber gibt dem Dasein erst einen rechten Sinn. Er wirkt weit über den gemeinen Lebenstrieb hinaus; er gibt den Antrieb zum unermüdlichen Werk, insbesondere, wenn er sich mit klaren Vorstellungen über die Mitwirkung der Menschen an der zukünftigen Erneuerung auf einer höheren Stufe verbindet. Dieser Glaube gibt dem Menschen den Wirkensantrieb bis ins höchste Alter.
Was wir Menschen also erst in kommenden Zeiten denkend ganz bewältigen werden, dafür können wir schon heute in frommen Empfindungen die seelischen Voraussetzungen schaffen. Platon wies darauf hin, daß nicht etwa der Verstand allein es ist, welcher denkt, sondern daß dazu die ganze Seele nötig ist. Die Religion braucht keinesfalls der Wissenschaft hintennach zu hinken, wie sie es in den vergangenen Jahrhunderten oft tat, sondern sie kann Vorgriffe tun und Voraussetzungen für zukünftiges Erkennen und Handeln schaffen.
Jeder von uns kennt den Schmerz, die Kälte und die Härte, die bei eigenen Zweifeln, beim unvermeidlichen Urteil und bei eigener Kritik im Herzen leise als begleitende Empfindungen aufkommen und manchmal auch sehr deutlich werden. Jeder kennt aber auch die Ehrfurcht, die eine positive Empfindung gänzlich anderer Art ist. Platons später Schüler Proklos (410-485 n. Chr.) beschreibt in seiner Theologia Platonis 3.18; 151.50 f. im Anschluß an den Meister und anhand der Stelle in Homers »Odyssee«, wo Penelope ihrem heimgekehrten Gatten gegenübersitzt, der gealtert

und im Bettlergewande zurückgekehrt war, – Proklos beschreibt die Reihe der Empfindungen in der Brust der Königin, die sie durchlaufen muß, bis sie mit voller innerer Gewißheit den Helden wiedererkennt. Solche Gefühlsvoraussetzungen der Erkenntnis nennt man Stimmungen. Nach Platon und Proklos ist die grundlegend erste unter ihnen die Fähigkeit zu staunen.

Wir entwickeln eine mögliche Reihe solcher Stimmungen anhand der höheren Hierarchien von den Exusíai aufwärts. Die gegenwärtige Menschheit wird sie willentlich pflegen, wenn sie die Krise ihrer Kultur beheben möchte. Für den einzelnen heißt dasselbe: wenn er mit innerem Wachstum altern möchte. Gelingt es ihm, dann können die späten Lebensjahre zu den großartigsten werden. Platon, Goethe, Steiner sind dafür die besten Zeugen durch die Werke ihrer späten Jahre.

Staunen oder aufmerksam verweilendes, anerkennendes Entgegennehmen ohne schnelles Urteil, stilles, hingegebenes Bei-der-Sache-Bleiben, kurz eben Staunen ist die rechte Stimmung gegenüber den Werken der Offenbarer oder Exusíai. – Beweglichkeit im Mitdenken der geistigen Wege anderer Menschen und nicht weniger gegenüber dem Formenwandel der Natur ist die Bemühung, die uns eine erste Erhebung zu den Dynámeis ermöglicht. Noch in den Bereich der Exusíai gehört das Bild des Netzwerfers für den Denker mit seiner Theorie, die er über die Welt wirft. In der Nähe der Dynámeis aber muß das Netz sich in die Welterscheinung, die gemeint ist, einsenken; das geht nicht schnell und gelingt nur Fragenden. Der Fischer muß abwarten, ob der angeworfene Fisch freiwillig von sich erzählt, ob er so redet, wie jener Fisch es tat, den der Mann im Märchen anrief: »Matje, Matje, timpe te, Butje, Butje in de See, mine Fru, die Ilsebill, will nich so wie ik woll will.« Die Frau hegte zu ihrem Unglück Wünsche und immer weitere Wünsche. Der rechte Fischer aber und der rechte Denker gewöhnen sich das Wünschen ab. Auch die Neugier wird ausgeschlossen. Was anders zu erfahren wäre, als daß die Welt es freiwillig erzählte, das wäre auf dieser Stufe sowieso nicht mehr wahr und würde, in die Praxis umgesetzt, zu Unglück führen.

Auch wer im einfachen Leben meint, die Welt hätte ihren Weg nach seinem Kopf zu nehmen, und wer sich in seinen Enttäuschungen über Menschen gefällt, kann unter der Einwirkung der Dynámeis nicht mehr richtig leben; er wird den Gang der Welt behindern. Im Umkreis der Dynámeis gilt nur noch der Gebetsstil Jesu, nach welchem zunächst durchaus Bestimmtes erbeten wird, bis daß der Nachsatz folgt: »Aber nicht wie ich will, sondern wie du willst« (Matthäus 26.39). Ergebenheit ist die rechte Stimmung angesichts der Geister der Bewegung.

Die Kyriótetes, bei denen wahr und gut und lebenwekkend eines ist, befähigten Goethe zu dem Erkenntnisworte: »Was fruchtbar ist, allein ist wahr.« Sie selbst sind ganz erfüllt von hingebender Bewunderung für das Opfer der Throne über ihnen. Schenkende Tugend ist nach unten hin ihr Leben. Sie regen Leben an und entzünden in uns durch ihren Blick das Schauen im Geist und am Ende ewiges Leben. Ihr Blick ruht nicht auf dem, welcher Reserven in ihrer Nachahmung hat. Von ihrer Sphäre sprach Jesus zu dem reichen Jüngling, der, auf dem Wege der Tugenden schon fortgeschritten, ewiges Leben suchte: »Jesus sah ihn an und liebte ihn und sprach zu ihm: Verkaufe alles, was du hast, und gib es den Armen; so wirst du einen Schatz im Himmel haben; und komm und folge mir nach . . .« (Markus 10.21). – Wer aber nichts bewundern kann, dem bleiben alle Herrlichkeiten auf Erden und im Himmel verschlossen.

Die Throne sind Geister des Willens und mit dem Mut

erfüllt, der eine Welt vor dem Nichts begründet. Die Kraft und Stimmung, die wir vor ihnen finden müssen, liegt in Fichtes Denken, der empfand, daß das ewige und bewußte Ich des Menschen vor dem Nichts sich und die äußere Welt zuerst einmal schlichtweg zu »setzen« habe und erst dann in das Handeln und Erkennen eintreten könne. Noch tiefer liegt diese Kraft in Jesu Worten vor seinen Feinden im Tempel zum Laubhüttenfest: »Meine Lehre ist nicht mein, sondern dessen, der mich gesandt hat. Wenn einer seinen Willen tun will, der wird erkennen, ob die Lehre aus Gott ist oder ob ich sie aus mir selbst rede« (Johannes 7.16-17).

Die Cherubim ordnen die Tiefen des Alls. Ihnen mögen wir uns ahnend nahen, wenn wir das Gefühl, welches sich weit über Denken und Wissen hinaus mit dem Ganzen der Welt verbindet und welches wir in solchem Falle Gewissen nennen, befragen und uns von ihm warnen lassen, wenn wir Bereiche zu berühren im Begriffe sind, in denen unsere Mängel nur Tod und Zerstörung anrichten würden. Cherubim sind ja auch die Wächter vor dem Paradies, »zu bewahren den Weg zum Baum des Lebens« (Genesis 3.24). – Die Geister der Liebe oder die Seraphim lehren uns und alle Geister, daß Haß dem Geist die Türen verschließt, nicht nur der Seele. Alles Dasein erschließt sein inneres Sein nur der Liebe, sei es im Leben, sei es im Erkennen.

Die »Stimmungen« Staunen, Ergebenheit, rückhaltlos hingebende Bewunderung, Mut, Gewissen und Liebe sind verborgene Verhaltensweisen der Seele. Sie sind nicht Kräfte des Hauptes, die unmittelbar zu Erkenntnissen führen würden; sie sind Kräfte des Herzens, welche einer geduldigen, wahren Einsicht und vielleicht einst auch der Erleuchtung den Weg bereiten. Sie sind Sprossen einer Himmelsleiter, wie der alte Patriarch sie in schwerer Lebenslage träumte: »Siehe, eine Leiter stand auf der Erde, die rührte mit der Spitze an den Himmel; und siehe, die Engel Gottes stiegen daran auf und nieder. Und der Herr stand oben darauf und sprach: ... Siehe, ich bin mit dir, wohin du ziehst ... – Da nun Jakob vom Schlaf erwachte, sprach er: Gewiß ist der Herr an diesem Orte, und ich wußte es nicht ... Wie heilig ist diese Stätte. Hier ist das Haus Gottes, hier ist die Pforte des Himmels« (Genesis 28.10-17).

VORTRÄGE

Eine Schriftenreihe mit Vorträgen, die, im Rahmen der Christengemeinschaft gehalten, Themen von allgemeinem Interesse im Lichte spiritueller Welterfahrung behandeln.

1 **Das Ereignis der Himmelfahrt Christi**
Von *Friedrich Benesch*

3 **Der Lebenslauf und seine Gesetze**
Von *Diether Lauenstein*

5 **Der Mensch und sein Erdenschicksal**
Von *Johannes Hemleben*

6 **Das Rätsel der Kometen**
Von *Georg Blattmann*

7 **Geld – Gold – Gewissen**
Von *Gérard Klockenbring*

9 **Christus-Erfahrungen**
Von *Eberhard Kurras*

10 **Lebenskrisen und ihre Bewältigung**
Von *Barbara Nordmeyer*

12 **Pfingsten heute**
Von *Friedrich Benesch*

13 **Die vier Denkmodelle des Abendlandes**
Von *Diether Lauenstein*

14 **Materie und Licht**
Von *Michael Debus*

15 **Vom Leben der Verstorbenen**
Von *Georg Blattmann*

16 **Wiedergeburt in der Lebensmitte**
Von *Johannes Lauten*

17 **Gibt es die Auferstehung?**
Von *Horst Lindenberg*

18 **Friedrich II.**
Von *Peter Müller*

19 **Ostern**
Von *Friedrich Benesch*

20 **Die Reform des Paragraphen 218**
Von *Michael Debus*

21 **Von der Sendung und Führung des Kindes**
Von *Christian Schädel*

22 **Strahlende Materie**
Von *Georg Blattmann*

23 **Vom Tod zur Wiederverkörperung**
Von *Michael Debus*

24 **Von der Wirksamkeit des Auferstandenen**
Von *Johannes Lenz*

25 **Der Weg Amerikas**
Von *Dietrich von Asten*

VERLAG URACHHAUS STUTTGART